Freiburger Anregungen · 3
Freiburg Contributions to Economics and Society

AF211986

Freiburger Anregungen zur Wirtschaft und Gesellschaft
Freiburg Contributions to Economics and Society

Herausgeber / Editor: Freiburger Wirtschaftswissenschaftler e.V.

Band 3 / Volume 3

Geld und Geldpolitik

Money and Monetary Policy

Herausgegeben von / edited by
David Denzer-Speck

 Lucius & Lucius · Stuttgart · 2009

Anschrift des Herausgebers der Schriftenreihe:

Verein Freiburger Wirtschaftswissenschaftler e.V.
Dekanat der Wirtschaftswissenschaftlichen Fakultät
Platz der Alten Synagoge
79098 Freiburg im Breisgau
http://www.fww-ev.de

Bibliografische Information der Deutschen Nationalbibliothek

Die Deutsche Nationalbibliothek verzeichnet diese Publikation in der Deutschen
Nationalbibliografie; detaillierte bibliografische Daten sind im Internet über
http://dnb.ddb.de abrufbar

ISBN 978-3-8282-0462-1

© Lucius & Lucius Verlagsgesellschaft mbH Stuttgart 2009
Gerokstr. 51, 70184 Stuttgart
www.luciusverlag.com

Druck und Einband: Rosch-Buch, Scheßlitz
Printed in Germany

Vorwort

Als im Frühjahr 2007 die Planung des dritten Zyklus der Vortragsreihe „*Freiburger Anregungen zu Wirtschaft und Gesellschaft*" begann, stand der Ausbruch der aktuellen Finanzmarkt- und Bankenkrise noch bevor. Zwar warnten einige Beobachter bereits vor hohen Risiken am US-amerikanischen Immobilienmarkt, die schnelle Ausbreitung der Verwerfungen auf die internationalen Finanzmärkte sowie die Dauer und das Ausmaß der Krise sahen jedoch die wenigsten voraus.

Gleichwohl kann vor dem Hintergrund des heutigen Wissensstandes die Wahl des Themas „*Geld und Geldpolitik*" hinsichtlich Aktualität und Relevanz als passend bezeichnet werden. So waren, wie man in der Tagespresse verfolgen konnte, die Zentralbanken seit Ausbruch der Verwerfungen wesentlich in das Krisenmanagement eingebunden; erinnert sei an dieser Stelle etwa an die Rettung der Investmentbank Bear Stearns und des Versicherungskonzerns AIG durch die amerikanische Federal Reserve sowie die frühen liquiditätsstützenden Maßnahmen der Europäischen Zentralbank. Daneben war zusätzlich und in geringer zeitlicher Verzögerung zur Finanzmarktkrise ein durch Öl- und Lebensmittelpreise getriebener Inflationsanstieg zu beobachten, der die Notenbanken in ihrer Verantwortung für die Preisniveaustabilität vor große Herausforderungen stellte. Mittlerweile überwiegen in Folge des weltweiten Konjunktureinbruchs die Sorgen vor einer lang anhaltenden Rezession mit deflationären Tendenzen. In den Vereinigten Staaten wurden vor diesem Hintergrund mit dem Wechsel zur *quantitativen Lockerung* die Grenzen traditioneller Geldpolitik bereits überschritten.

Obwohl die einzelnen Beiträge in der vorliegenden Publikation eine breitere Perspektive einnehmen und nicht per se die Subprime-Krise oder die jüngste Preisniveauentwicklung erörtern, zeigten die letzten Monate eindrucksvoll, wie wichtig ein theoretisches, institutionelles und empirisches Verständnis monetärer Zusammenhänge ist. Mit der vorliegenden Publikation ist der Wunsch verbunden, anhand ausgewählter Beiträge das Interesse am Themenbereich Geldpolitik zu stärken und einen Beitrag zur aktuellen wissenschaftlichen Diskussion in Deutschland zu leisten.

Neben der klassischen Arbeit im Alumni-Bereich unterstützt der *Verein der Freiburger Wirtschaftswissenschaftler* Forschung und Lehre an der Wirtschafts- und Verhaltenswissenschaftlichen Fakultät. Daneben widmet er sich der Pflege der wirtschaftswissenschaftlichen Tradition an der Universität Freiburg. Zu den Tätigkeiten in diesen Bereichen zählt die Vortragsreihe *Freiburger Anregungen zu Wirtschaft und Gesellschaft*, in der Studierende und Mitglieder des Vereins mit externen Wissenschaftlern und Entscheidungsträgern aktuelle wirtschaftspolitische und ökonomische Fragestellungen diskutieren. Wie in den vergangen Jahren gelang es auch für den dritten Zyklus der Reihe wieder, namhafte Vertreter aus Wissenschaft und geldpolitischer Praxis nach Freiburg einzuladen: Peter Bernholz (Universität Basel), Hans-Joachim Klöckers (Europäische Zentralbank), Thomas J. Jordan (Schweizerische Nationalbank), Jürgen von Hagen (Universität Bonn) und Jürgen Jerger (Universität Regensburg). Die Korreferate, die in bewährter Weise Nachwuchswissenschaftler verfassten, wurden erstmals überwiegend international vergeben. Dies ergab sich zum einen aus der Wahl des Themas „Geldpolitik"; hier trat spätestens mit Gründung der europäischen Einheitswährung eine rein nationale Betrachtung in den Hintergrund. Zum anderen spiegelt sich in der Auswahl der Korreferenten aber auch die zunehmende Internationalisierung der Fakultät wider. Mit der Einrichtung eines internationalen, englischsprachigen Masterstudiengangs und einer Ausbildungskooperation mit dem chinesischen statistischen Amt sind in den letzten Jahren bereits wichtige Schritte in diese Richtung erfolgreich umgesetzt worden. Wie in der vorliegenden Publikation wird auch der *Verein der Freiburger Wirtschaftswissenschaftler* diese Entwicklung der Fakultät in seiner Arbeit verstärkt nachvollziehen.

Im Namen des Vorstandes möchte ich schließlich allen danken, die an der Umsetzung der Vortragsreihe beteiligt waren. Besonderer Dank gilt hierbei den Professoren Hans-Hermann Francke und Hans-Helmut Kotz (beide Universität Freiburg), ohne deren tatkräftige Mithilfe die Vortragsreihe in der vorliegenden Form nicht hätte stattfinden können. Daneben gilt unser Dank natürlich den Verfassern der wissenschaftlichen Beiträge - Vortragenden und Korreferenten sowie Herrn Professor von Hagen (Universität Bonn), dessen Vortrag nicht abgedruckt werden konnte.

Neben allen Kolleginnen und Kollegen im Vorstand der Freiburger Wirtschaftswissenschaftler waren folgende Personen maßgeblich an der Entstehung der Reihe beteiligt (in alphabetischer Reihenfolge): Nicolas Dallmann, Verena Denzer, Susan Flocken, Benjamin F. Friedman, Oliver Landmann, Harald Nitsch, Tobias Rombach, Felix Schindler und Marc Seiler. Sie stellten den Kontakt zu Referenten und Korreferenten her, traten an den Vortragsabenden als Moderatoren auf, halfen bei der Organisation und den Anschreiben sowie beim Lektorieren und Übersetzen der Texte. Hierfür sei ihnen abschließend noch einmal herzlich gedankt.

Freiburg i.Brsg. und Frankfurt a.M. im Dezember 2008

David Denzer-Speck

Preface

When the current lecture series started in spring 2007, the outbreak of the ongoing financial market crisis was still ahead. Though some analysts and academics already warned that risk in the U.S. American real estate market had been accelerated, next to no one did expect the actual fast contagion, severity and length of the turbulences.

However, even given today's state of information the choice of *money and monetary policy* as topic of *Freiburg Contributions* could have not been better placed in terms of relevance and actuality. Ever since the outbreak of market turmoil in July 2007, central banks were deeply involved in crises management; orchestrating bail outs like the ones of Bear Stearns (an investmentbank) or AIG (an insurance company) and injecting vast amounts of liquidity into the interbank money markets. Additionally and in short delay to the crisis outbreak, inflation rates accelerated worldwide, driven mainly by souring energy and food prices. While this development put central banks during the previous months under additional hardship in honouring their mandate for price stability, there are now growing concerns about a deflation combined with a deep and prolonged global recession.

Although the current volume of *Freiburg Contributions* does neither exclusively handle the financial market crisis nor the recent price level fluctuations per se, the last months showed how enormously important it is to have a proper understanding of the theoretical, empirical and institutional aspects of monetary economics. This publication aims at fostering interest and knowledge in monetary economics and is meant to thereby contribute to the academic debate in Germany and abroad.

Beside its ordinary tasks as alumni association the *Freiburg Economic Society* supports teaching and research activities at the faculty of Economics and Behavioral Sciences at Freiburg University. It is furthermore devoted to foster Freiburg University's economic tradition (*Freiburg School of Economics*). To these activities the lecture series *Freiburg contributions to Economics and Society* belongs. As in the last lecture series, we were able to invite outstanding experts from academia and central banks: Peter Bernholz (University Basel), Hans-Joachim Klöckers (European Central Bank), Thomas J. Jordan (Swiss National Bank), Jürgen von Hagen (University Bonn), and Jürgen Jerger (University Regensburg). Following the preceding volumes of Freiburg Contributions, each article is supplemented by a comment written by a young researcher. For the first time, we selected mostly international scholars. Two reasons are responsible for that choice: First, at least since the introduction of the Euro in 1999 monetary policy in Europe is no longer exclusively focused on national debates. The supranational composition of commentators was therefore more or less determined by the topic itself. Second, the faculty of Economics and Behavioral Sciences made a dramatic transformation towards internationalization during the last years, including the establishment of an international *Integrated Master Program* and an educational cooperation with the *National Bureau of Statistics of China*. As in this publication, the *Freiburg Economic Society* is going to follow this internationalization process in its work.

Speaking for the board of the *Freiburg Economic Society* I would finally like to thank all people that contributed to the lecture series. We are especially indebted to Professor Hans-Hermann Francke and Professor Hans-Helmut Kotz (both University Freiburg) for their inspiring help and support. Naturally, we are also deeply devoted to all authors of the articles and comments as well as to Professor von Hagen (University Bonn) whose lecture could not be reprinted.

Besides all board members the following persons were involved in the evolution of the series (in lexicographical ordering): Nicolas Dallmann, Verena Denzer, Susan Flocken, Benjamin F. Friedman, Oliver Landmann, Harald Nitsch, Tobias Rombach, Felix Schindler und Marc Seiler. They arranged contacts to the authors and commentators, moderated the lectures, helped organizing, and gave their support by lecturing and translating the texts.

Freiburg i. Brsg. and Frankfurt a.M. December 2008

David Denzer-Speck

Inhalt

(* englischsprachige Beiträge)

Contents

(* in German)

Einführung und Konzeption

David Denzer-Speck[*]

In der Volkswirtschaftslehre und speziell innerhalb der Makroökonomik nehmen geldpolitische Fragestellungen traditionell einen hohen Stellenwert ein. Zudem verfügen sie durch ihre Auswirkungen auf den Güter-, Arbeits- und Finanzmärkten über eine hohe Praxisrelevanz. Der diesjährige Schwerpunkt der *Freiburger Anregungen zu Wirtschaft und Gesellschaft* will dem Rechnung tragen und durch den verstärkten Austausch mit externen Wissenschaftlern und geldpolitischen Praktikern das Verständnis und das Interesse am Themenbereich *Geld und Geldpolitik* intensivieren.

Die vorliegende Publikation ist zweigeteilt. Die ersten Beiträge über Unsicherheit und Erkenntnisgewinn behandeln vergleichsweise allgemeine Themen im Bereich der monetären Ökonomie. Die weiteren Beiträge befassen sich spezifisch mit der Europäischen Wirtschafts- und Währungsunion. Wie in den vorangegangenen Ausgaben der *Freiburger Anregungen* werden die einzelnen wissenschaftlichen Aufsätze durch Korreferate ergänzt. Jungen Wissenschaftlerinnen und Wissenschaftlern wird damit die Möglichkeit geboten, einzelne Thesen der Referenten kritisch zu hinterfragen und/oder zu erweitern.

Der Sammelband beginnt mit einem Beitrag zu einer der größten Herausforderungen in der Praxis der Geldpolitik - dem Umgang mit Unsicherheit. Nach einer kurzen Einführung über die Ziele und Mittel moderner Geldpolitik unterscheidet *Prof. Dr. Thomas J. Jordan*, Mitglied im Direktorium der Schweizerischen Nationalbank, zunächst mögliche Quellen der Unsicherheit, mit denen sich die Geldpolitik konfrontiert sieht (Modellunsicherheit, Datenunsicherheit, exogene Schocks). Anschließend differenziert er zwischen zwei Arten der Unsicherheit: Dem *Risiko*, welches bekannte zukünftige Ereignisse mit bekannten Eintrittswahrscheinlichkeiten beschreibt, und der nicht-quantifizierbaren, nach dem amerikanischen Ökonomen Frank H. Knight benannten *Knight'schen Unsicherheit*. Ins-

---

[*] Der Autor ist externer Doktorand am Institut für Finanzwissenschaft und monetäre Ökonomie an der Universität Freiburg. Am gleichnamigen Institut arbeitete er als wissenschaftlicher Mitarbeiter, bevor er im April dieses Jahres in die volkswirtschaftliche Abteilung der KfW Bankengruppe wechselte.

besondere aufgrund der Gefahren letzterer Art der Unsicherheit zieht Jordan folgende Schlüsse: i) Geldpolitische Entscheidungsträger müssen sich der Unsicherheit und der Grenzen ihres Wissens bewusst sein; ii) die Existenz der Knight'schen Unsicherheit erfordert, dass sich Entscheidungsträger nicht nur auf eine möglichst breit abgestützte quantitative Analyse, sondern auch auf ihr *„Judgement"* - also den gesunden Menschenverstand - verlassen müssen und ihnen ein ausreichend großer Entscheidungsspielraum zur Verfügung steht; iii) eine ambitionierte Feinsteuerung der wirtschaftlichen Entwicklung durch die Geldpolitik ist nicht möglich und sollte unterlassen werden; iv) zur Vermeidung des „schlimmsten Falles" kann es notwendig sein, von einer vorsichten Politik abzuweichen und entschlossene geldpolitische Maßnahmen durchzuführen.

In seinem Korreferat greift *Christian Grisse* (Cambridge University) die verbale Argumentation von Thomas Jordan auf und verdeutlicht dessen zentrale Thesen elegant anhand einfacher ökonomischer Modelle. Zudem ergänzt er Jordans Beitrag um eine weitere wichtige Quelle der Unsicherheit: Das Verhalten der Zentralbanken selbst. Der optimale Umgang mit dieser Unsicherheitsquelle, so Grisse, besteht in einer hohen Transparenz der Notenbanken. Damit soll den Marktteilnehmern ermöglicht werden, Verhaltensmuster der Zentralbanken und deren tatsächliche geldpolitische Entscheidungen frühzeitig zu antizipieren.

Aus den Beiträgen von Jordan und Grisse ergibt sich die Frage, wie sich das für den Umgang mit der Knight'schen Unsicherheit wichtige *Judgement* in der ökonomischen Ausbildung vermitteln lässt. Eine interessante Antwort hierfür findet sich im Aufsatz von *Prof. Dr. Peter Bernholz*, Emeritus der Universität Basel. Neben der dominierenden theoretischen und empirisch/ökonometrischen Ausbildung plädiert er für eine ergänzende (wirtschafts-) historische Komponente. Damit sich aus dem Blick in die Geschichte für Ökonomen verwertbare allgemeine Theorien ableiten oder überprüfen lassen, stellt Bernholz die Forderung auf, dass ökonomische Gesetzmäßigkeiten ihre Gültigkeit über einen langen Zeitraum beweisen, sich dabei historisch häufig nachweisen lassen und sich Voraussetzungen identifizieren lassen müssen, unter denen diese allgemeinen Theorien Gültigkeit besitzen. Dass ein solches Vorgehen möglich und fruchtbar ist, veranschaulicht er anhand ausgewählter monetärer Gesetzmäßigkeiten (wie dem *Gesetz vom Gresham* oder dem *Thiers'schen Gesetz*), deren Gültigkeit er über mehrere Jahrhunderte nachweisen kann. Dabei greift der Autor nicht nur auf umfangreiches Datenmaterial zurück, sondern lässt auch anekdotisch bekannte Nicht-Ökonomen zu Wort kommen: Von Aristophanes über Stefan Zweig bis zu Ernest Hemingway.

Dr. Andreas Klein (Universität Freiburg) diskutiert in seinem geschichtsphilosophischen Beitrag aus der Perspektive eines Historikers die in seiner Zunft hoch umstrittene These, ob die von Bernholz angesprochenen allgemein gültigen Gesetze menschlichen Handelns überhaupt existieren. Hierzu zitiert er zunächst die häufig von Historikern vertretene Meinung, dass dem nicht so sei, lässt aber auch einige Befürworter zu Wort kommen. Den scheinbaren Widerspruch löst er schließlich auf, in dem er zwischen *probabalistischen* und *nomothetischen* Gesetzen unterscheidet. Während letztere keinerlei Ausnahmen zulassen, legen erstere Wahrscheinlichkeiten für den Eintritt bestimmter Ereignisse fest. Die Existenz solcher probabilistischer Gesetzmäßigkeiten hält Klein für unbestreitbar. Solange die Individualität eines Ereignisses bei der Analyse ausreichend beachtet sei, so Klein, erscheine die Einbeziehung solcher Gesetzmäßigkeiten als hilfreich und notwendig, sowohl für Ökonomen wie auch für Historiker.

Aus den Ausführungen von Bernholz und Klein zur Verwendbarkeit historischer Forschung für die Ökonomie ergeben sich zwei Rückschlüsse für den Umgang mit Unsicherheit: Erstens kann ein Studium der (Wirtschafts-) Geschichte unter Beachtung bestimmter Voraussetzungen als „Backtesting" theoretischer und empirischer Erkenntnisse der Volkswirtschaftslehre eingesetzt werden. Die daraus resultierenden Anregungen und Verbesserungen können helfen, die Risiko-Komponente der Unsicherheit besser zu erfassen. Zweitens liefert der Blick in die Vergangenheit zwar naturgemäß nicht alle Antworten für gegenwärtige Probleme, die große Anschaulichkeit spezifischer historischer Ereignisse ist aber in der Lage, Studierenden ein gewisses Bauchgefühl für die „Praxistauglichkeit" einzelner Theorien zu vermitteln und sie auf die Existenz und die Relevanz von Unsicherheit aufmerksam zu machen. In diesem Sinne kann eine ergänzende wirtschaftshistorische Schulung angehende Entscheidungsträger frühzeitig für die bestehenden Probleme sensibilisieren und so auf den Umgang mit Knight'scher Unsicherheit vorbereiten.

Während in den vorherigen Beiträgen vergleichsweise allgemeine Problemfelder der (monetären) Ökonomie behandelt werden, befassen sich alle weiteren Aufsätze mit der Europäischen Wirtschafts- und Währungsunion. Den Anfang hierzu macht *Dr. Hans-Jochim Klöckers*, Leiter der Direktion Wirtschaftliche Entwicklung der Europäischen Zentralbank, der in seinem Beitrag eine ausführliche Bilanz über die ersten 8 ½ Jahre der europäischen Gemeinschaftswährung zieht. Durch einen Vergleich wichtiger wirtschaftlicher Kennziffern sowohl zu der Periode vor der Währungsunion, als auch zu anderen Wirtschaftsräumen im Zeitraum seit 1999 kommt er zu einem insgesamt (sehr) positiven Urteil: Inflationsraten, die Höhe der vom Kapitalmarkt geforderten Risikoprämien, die Situation am Arbeitsmarkt und die Solidität der Fiskalpolitik verbesserten sich für den gesamten Währungsraum betrachtet z.T. deutlich. Dabei konnte dieser Erfolg trotz mehrerer starker Rohstoffpreissteigerungen erzielt werden. Demgegenüber existieren jedoch auch Bereiche, so Klöckers, in denen weiterer Verbesserungsbedarf besteht. Etwa beim geringen Produktivitätswachstum im Euroraum und der niedrigen Erwerbsquote insbesondere älterer Arbeitnehmer. Gleiches gelte für die Ungleichgewichte innerhalb des Euroraums, die eine potentielle Bedrohung für die Währungsunion darstellen und weiterer Beobachtung bedürfen.

In seinem Korreferat betrachtet *Igor Barenboim* (Harvard University) die Europäische Währungsunion aus einer dezidiert amerikanische Perspektive. Dabei weist er darauf hin, dass die tatsächlich erstaunlich erfolgreiche Bilanz des Euros in eine Epoche fiel, in der Inflationsraten und Konjunkturschwankungen weltweit weitaus geringer ausfielen als beispielsweise in den 1970er Jahren. An diesem in der Fachwelt unter dem Begriff der „große Moderation" bekannten Phänomen habe die Geldpolitik zwar Anteil, daneben spielten aber, so Barenboim, noch zahlreiche andere Einflüsse, wie die Integration großer asiatischer Volkswirtschaften in die Weltwirtschaft, zunehmendes Outsourcing in den Industrieländern und der Produktivitätsanstieg infolge der IT-Revolution, eine wichtige Rolle.

Im letzten Aufsatz geht *Prof. Dr. Jürgen Jerger*, Inhaber des Lehrstuhls für Internationale und Monetäre Ökonomie an der Universität Regensburg und Direktor des Osteuropa-Instituts Regensburg, auf die geplante Osterweiterung der Europäischen Wirtschafts- und Währungsunion ein und behandelt damit eine der größten Herausforderungen, vor der die EWU in den kommenden Jahren stehen wird. Hierzu betrachtet er zunächst mikroökonomische (Transaktionskostenersparnis, Handelsausweitung etc.) wie makroökonomische Argumente (Theorie optimaler Währungsräume), welche für bzw. gegen einen einheitlichen Währungsraum sprechen. Mit einer Überprüfung der Maastricht-Kriterien geht er anschließend auf die ökonomisch-rechtlich-institutionellen Beitrittsvoraussetzungen zur Eurozone ein. Dabei kommt Jerger zum Schluss, dass zwar bisher (noch) keines der untersuchten osteuropäischen Länder alle Beitrittskriterien erfüllt, dass deren zukünftige Erfüllung - den entsprechenden politischen Willen vorausgesetzt - jedoch durchaus möglich sei. Abschließend behandelt er die Frage, ob ein Beitritt zum Euro a) aus Sicht der bereits bestehenden Euro-Länder; sowie b) aus Sicht der potentiellen Beitrittskandidaten ökonomisch vorteilhaft ist.

Dr. Agnieszka Stazka (Polnische Nationalbank und Warschau School of Economics) greift in ihrem Korreferat einige Aspekte des umfangreichen Beitrags von Jürgen Jerger heraus und vertieft diese. So weist sie etwa im Rückgriff auf aktuelle Forschungsliteratur darauf hin, dass freie Wechselkurse nicht nur makroökonomische Schocks abfedern, sondern diese auch selbst erzeugen bzw. verstärken können. Kritisch geht Stazka darüber hinaus auf die technische Ausgestaltung des Maastrichter Inflationsziels sowie auf die von Jerger bereits erwähnte starke Heterogenität zwischen „alten" Euroländern und den Beitrittskandidaten ein. In ihrem letzten Abschnitt befasst sich die Autorin schließlich mit den potentiellen Auswirkungen der Finanzmarktkrise auf den Erweiterungsprozess: Die Verwerfungen hätten einerseits den Beitrittsländern die Vorteile einer Einheitswährung klar vor Augen geführt - dies spräche für eine raschere Euroübernahme. Gleichzeitig dürfte das Sicherheits- und Stabilitätsbedürfnis der alten Eurostaaten jedoch gestiegen sein, was aus deren Sicht gegen eine rasche Erweiterung spricht.

Introduction

David Denzer-Speck[*]

Monetary economics constitutes an important field of economic theory. Through their impact on labour and financial markets monetary policy decisions are also of highly practical relevance. This year's lecture series on *money and monetary policy* as well as the now available collection of essays aim at fostering knowledge and interest in monetary economics by exchanging ideas with external researchers and policy practitioners.

The present publication is divided into two sections: The first part covers more general aspects of monetary theory - namely the conduct of monetary policy under uncertainty and the potential worth of historical analysis for theory building - while the second part deals exclusively with the European Monetary Union. Like in preceding volumes of *Freiburg Contributions* each article is supplemented by a comment written by a young scholar.

The first article contributes to one of the biggest challenges in the practice of monetary policy - the exposure to uncertainty. After a brief introduction about the objectives and means of modern monetary policy, *Thomas J. Jordan*, member of the Board of the Swiss National Bank, differs between possible sources of uncertainty (model uncertainty, data uncertainty, and exogenous shocks). Afterwards he differentiates between two types of uncertainty: risk, a situation in which known future events have known probabilities and a non-quantifiable uncertainty that is named after the American economist Frank H. Knight *Knightian uncertainty*. Especially because of the risks of the latter type of uncertainty Jordan draws the following conclusions: i) monetary policy makers need to be aware of uncertainty and the limits of their knowledge; ii) the existence of Knightian uncertainty requires that decision-makers have not only a most broad-based quantitative analysis, but also "judgement" and enough latitude of judgement to be able to react timely and appropriately to shocks; iii) an ambitious fine-tuning of economic activity through monetary policy is not feasible and

---

[*] The author is Ph.D. candidate at Freiburg University and works as economist at the economic research department of KfW banking group, Frankfurt.

should be omitted; iv) to avoid the "worst case", it may be necessary to deviate from a careful policy and to take determined monetary policy decisions.

In his comment *Christian Grisse* (Cambridge University) picks up Jordan's arguments and illustrates his central theses elegantly using simple economic models. In addition to Jordan he adds another important source of uncertainty: The behaviour of central banks themselves. The best way to deal with this source of uncertainty are highly transparent central banks, according to Grisse, as they enable market participants to early anticipate future monetary policy decisions.

One interesting question raised by the contributions of Jordan and Grisse is how to impart "judgment" within economic education. As it is one precondition for successful dealing with Knightian uncertainty, universities should care about transmitting it to future decision makers. An interesting answer to that question can be found in the essay of *Prof. Dr. Peter Bernholz*, University Basel. Apart from the dominant theoretical and empirical education he calls for an - at least in German speaking countries - often omitted component: economic history. In order to derive usable theories or "laws" Bernholz sets up several conditions: Naturally, economic laws should be effective over a long period of time. They should furthermore hold sufficiently often and there must be conditions identifiable under which these general theories are valid. After deriving these conditions, Bernholz shows that his approach is possible and fruitful by proving the validity of selected laws of monetary economics (namely *Gresham's law* and *Thiers' law*) from the ancient world until today. Besides using historical data, the author presents anecdotic evidence from famous non-economists like Aristophanes, Stefan Zweig, and Ernest Hemingway.

In his historical as well as philosophical comment *Dr. Andreas Klein* (University Freiburg) discusses as a historian the within his discipline highly controversial thesis, whether or not such general laws of human action exist. After citing the standard opposing argument according to which each historical situation is special and general economic laws are therefore non-existing over longer periods, Klein leaves also some room for the few advocates among historians. He finally solves the apparent contradiction between both positions, by differentiating between *probabilistic* and *nomothetic* laws. While the latter do not allow for exceptions, the former set up probabilities for the occurrence of certain events. The existence of such probabilistic laws is undeniable according to Klein. As long as the individuality of historic events is sufficiently respected, the inclusion of such laws seems necessary and helpful, for both, economists and historians.

Two conclusions can be drawn from Bernholz's and Klein's articles: First, a study of economic history can - under certain conditions - be used to reassess economic theory. The resulting improvements can help to better capture the risk component of uncertainty. Second, although history naturally provides not all answers to current and future problems, analysing economic history allows students to develop a better feeling for the "practicality" of some economic theories and points them to the existence and relevance of uncertainty. In this sense, a complementary training in economic history raises the awareness for existing problems and prepares the future generation more adequately to the exposure to Knightian uncertainty.

While the previous contributions treated comparatively general areas of (monetary) economics all remaining articles deal specifically with the European Economic and Monetary Union. *Dr. Hans-Jochim Klöckers*, Director of Economic Development at the European Central Bank, offers in his contribution a detailed review of the first 8 ½ years of the European common currency. By comparing key economic indicators, both to the period before the monetary union, as well as to other currency areas in the period since 1999, he reaches all in all a very positive verdict. Inflation, capital market risk premiums, the situation on labour markets, and the soundness of fiscal policy significantly improved for the entire Euro area - despite several energy price shocks during the first years of the Euro. However, Klöckers also identifies some areas in which further improvement is needed; e.g. the slow productivity growth in the Euro zone and a low employment rate especially among elder workers. The same applies to economic imbalances within the Euro area, which represent a potential threat to the monetary union and need further observation.

In his comment *Igor Barenboim* (Harvard University) considers the question what caused the astonishingly successful record of the Euro. Besides inheriting the Bundesbank's reputation, he points to the fact that the ECB's foundation fell in an era in which inflation and economic fluctuations were worldwide much lower than e.g. in the 1970s. This among economists well-known phenomenon - the "great moderation" - plays also its role in explaining the successful first years of the Euro: The integration of large Asian economies into the world economy, growing outsourcing in the industrialized countries and increases in productivity resulting from the IT revolution held inflation rates worldwide low and helped thereby to the successful launch of the Euro.

In the last essay, *Prof. Dr. Jürgen Jerger*, Institute of International and Monetary Economics at University of Regensburg and Director of the Institute for Eastern European Studies Regensburg analyzes the planned eastward enlargement of the European Monetary Union. He thereby addresses one of the major challenges the EMU will face over the next years. To this end, Jerger initially cites microeconomic (transaction cost savings, trade expansion, etc.) and macro-economic arguments (theory of optimal currency area) for, respectively against a common single currency. Afterwards he reviews the Maastricht criteria, the economic-legal-institutional preconditions for accession to the euro zone. Although so far none of the major Eastern European countries met all criteria for membership, Jerger concludes that this will be possible in future - under the assumption that enough political will exists to achieve this goal. He finally addresses the question whether joining the euro will be economically advantageous a) from the perspective of existing euro-zone countries, and b) from the viewpoint of potential candidates.

Dr. Agnieszka Stazka (National Bank of Poland and Warsaw School of Economics) focuses her comment on selected aspects of Jerger's very broad analysis. Using recent economic literature she points out that an own currency might not only be a shock absorbing instrument but also a source macroeconomic shocks itself. She furthermore critically reviews the technical implementation of the Maastricht inflation criteria as well as the already mentioned high degree of economic heterogeneity between old Euro members and candidate countries. In her last section Stazka addresses the consequences of the current financial market crises on the Euro area enlargement. On the one hand she argues that the crises clearly revealed the advantages of a strong common currency to the Eastern European countries. On the other hand the turbulences have raised the preference towards macroeconomic stability among current Euro member states. Balancing both arguments Stazka concludes that Euro accession might have become less likely in the near future due to the subprime crises.

Geldpolitik und Unsicherheit

Thomas J. Jordan[*]

1 Einleitung

Eine dem griechischen Philosophen Heraklit zugeschriebene Einsicht lautet *panta rhei* – „alles fließt" oder „alles ist im Fluss". Wandel ist eine Voraussetzung für Wachstum und Fortschritt. Rascher Wandel bedeutet aber auch erhöhte Unsicherheit, nicht zuletzt in der Geldpolitik.

Stetiger Wandel war schon immer ein prägendes Merkmal erfolgreicher und wachsender Zivilisationen und ist keineswegs ein Phänomen unserer Zeit. Seit den 1990er Jahren dürfte sich jedoch das Tempo des wirtschaftlichen Wandels beschleunigt haben. Die Gründe für diese Beschleunigung sehe ich einerseits im enormen technologischen Fortschritt, insbesondere in der Kommunikations-

[*] Prof. Dr. Thomas J. Jordan ist Mitglied des Direktoriums und Vorsteher des III. Departementes der Schweizerischen Nationalbank. Der Autor dankt Dr. Caesar Lack von der Organisationseinheit Finanzmarktanalyse der Schweizerischen Nationalbank für die wertvolle Unterstützung bei der Vorbereitung dieses Beitrages. Wertvolle Hinweise hat der Autor auch von Werner Abegg, Marlene Amstad, Philippe Hildebrand, Ulrich Kohli und Marcel Savioz erhalten.

technologie, und andererseits in der Globalisierung, worunter ich den Wegfall von Grenzen aller Art verstehe. Dieser Wandel hat in den vergangenen 15 Jahren zu einem enormen Wachstum der Weltwirtschaft geführt, insbesondere in Asien und in den Ländern des ehemaligen Ostblocks. Der beschleunigte wirtschaftliche Wandel hat aber auch den geldpolitischen Transmissionsmechanismus beeinflusst und hat so die Unsicherheit in der Führung der Geldpolitik erhöht.

In diesem Aufsatz gehe ich der Frage nach, welche Rolle Unsicherheit in der Geldpolitik spielt. An verschiedenen Stellen wird in diesem Zusammenhang auf die aktuelle Finanzmarktkrise verwiesen. In Abschnitt 2 stelle ich einige Gedanken zum Wirtschaftskreislauf und zur Geldpolitik an. Abschnitt 3 geht auf drei Quellen der Unsicherheit in der Geldpolitik ein. In Abschnitt 4 erläutere ich den Unterschied zwischen Risiko und Knight'scher Unsicherheit. Abschnitt 5 analysiert die Konsequenzen der Unsicherheit für die Geldpolitik. Am Ende des Aufsatzes versuche ich einige Lehren für die Geldpolitik zu ziehen.

2   Die Wirtschaft – ein komplexes System

Die Wirtschaft ist keine Maschine, deren Mechanik mathematisch exakt beschrieben und deren Verhalten genau prognostiziert werden kann. Die Wirtschaft ist vielmehr ein komplexes, nichtlineares, dynamisches und offenes System. Unter komplex verstehe ich, dass das System derart kompliziert ist, dass es nicht vollständig verstanden wird und daher auch nicht exakt in einem ökonomischen Modell abgebildet werden kann. Nichtlinear heisst, dass kleine Eingriffe unter Umständen große Auswirkungen haben können. Dynamisch ist das System, weil Reaktionen auf einen Eingriff teilweise erst mit bedeutender Verzögerung erfolgen. Offen ist das System, weil es beständig exogenen Schocks unterliegt. Komplexität, Nichtlinearität, Dynamik und Offenheit haben zur Folge, dass Eingriffe in das System mit hoher Unsicherheit verbunden sind.

Deregulierung, Globalisierung und technologischer Fortschritt verändern zudem dieses System andauernd: Die Auswirkungen des Wandels auf den Güter- und Arbeitsmärkten lassen sich einigermaßen abschätzen, da sie größtenteils direkt sichtbar sind. Die Folgen des Wandels auf den Finanzmärkten sind jedoch bedeutend schwieriger einzuschätzen: Neue Technologien, neue Finanzmarktinstrumente und das Auftauchen neuer Finanzmarktteilnehmer haben dazu geführt, dass sich Spar- und Finanzierungsvorgänge in einer Volkswirtschaft heutzutage völlig anders darstellen als noch vor einigen Jahrzehnten. Zum einen erhöhen Globalisierung und technologischer Fortschritt den Komplexitätsgrad der Wirtschaft. Zum anderen erschwert der andauernde Wandel das Erkennen von Zusammenhängen zusätzlich, da es schwierig ist, Strukturen in einem sich stetig wandelnden Umfeld empirisch nachzuweisen.

Es lohnt sich, an dieser Stelle kurz die Ziele und die Instrumente der Geldpolitik in Erinnerung zu rufen. Das prioritäre Ziel der Geldpolitik ist die mittel- und langfristige Sicherung der Preisstabilität. In der kurzen Frist kann die Geldpolitik zudem versuchen, dämpfend auf Konjunkturschwankungen einzuwirken. Ferner leistet eine Zentralbank auch einen Beitrag zur Stabilität des Finanzsystems. Das Instrument der Geldpolitik ist heutzutage meist ein kurzfristiger Zinssatz. Über den kurzfristigen Zinssatz sowie über die Erwartungen über den zukünftigen Verlauf dieses Zinssatzes beeinflusst eine Zentralbank die langfristigen Zinsen, die Wechselkurse und die Preise von Vermögenswerten. Die aggregierten Effekte der Geldpolitik auf verschiedene Finanzmarktpreise beeinflussen schließlich Konjunktur und Preise.[1]

Aufgabe der Geldpolitik ist es mit anderen Worten, mittels eines einzigen Instruments über einen subtilen und nicht bis ins letzte Detail bekannten Transmissionsmechanismus in ein komplexes und sich permanent veränderndes System stabilisierend einzugreifen, ohne dabei selbst Ursache von Störungen und Verwerfungen zu werden. Dies ist wahrlich keine einfache Aufgabe, denn die geldpolitischen Entscheidungen müssen unter großer Unsicherheit getroffen werden.

Unsicherheit in der Geldpolitik ist nichts Neues – der volkswirtschaftliche Kreislauf war schon immer komplex und unterlag Veränderungen. Der rasche Wandel, insbesondere auf den Finanzmärkten, und der mittlerweile sehr hohe Komplexitätsgrad des Wirtschaftssystems haben jedoch diese Unsicherheit in den letzten Jahren nochmals deutlich erhöht. Der richtige Umgang mit Unsicherheit ist daher für eine erfolgreiche Geldpolitik absolut entscheidend geworden. Alan Greenspan (2004) hatte einst in einer Rede treffend bemerkt: "Uncertainty is not just a pervasive feature of the monetary policy landscape; it is the defining characteristic of that landscape".[2]

Geldpolitik besteht somit zu einem nicht unbedeutenden Teil aus dem Umgang mit Unsicherheit, oder in anderen Worten, aus Risikomanagement. Nicht ohne Grund nennt man die Vorsitzenden von Zentralbanken oft Gouverneure. Der Begriff geht auf das lateinische Wort *gubernare* zurück, was soviel heißt wie *das Schiffsruder führen*. Ähnlich wie ein Steuermann einzig mit dem Ruder ein träges Schiff durch gefährliche Stürme und Untiefen steuern muss, so muss die Geldpolitik eine Volkswirtschaft möglichst sicher durch Störungen und Gefahren führen.

---

[1] Zur Interaktion zwischen Geldpolitik und Finanzmärkten vergleiche auch Hildebrand (2006).

[2] Zum Umgang mit Unsicherheit in der geldpolitischen Praxis vergleiche auch Blinder (1998).

3   Quellen der Unsicherheit

Welches sind die Quellen der Unsicherheit, mit denen sich die Geldpolitik konfrontiert sieht? Erstens ist dies die Modellunsicherheit, also die Unsicherheit über die genaue Funktionsweise der Volkswirtschaft. Eine Zentralbank braucht eine Vorstellung über die Funktionsweise der Volkswirtschaft, um über die angemessene Geldpolitik entscheiden zu können. Ähnlich wie auch ein Steuermann Kurs und Geschwindigkeit seines Schiffes nicht in allen Situationen vollständig kontrollieren kann, hat auch die Geldpolitik keine vollständige Kontrolle über die Volkswirtschaft. In beiden Fällen herrscht Unsicherheit darüber, wie das System genau funktioniert, insbesondere, wie es auf Impulse und Störungen von außen reagiert. Der Steuermann weiß nicht ganz genau, wie das Schiff auf seine Steuerimpulse sowie auf Einwirkungen von Wind und Wellen reagiert, und die Geldpolitik weiß nicht ganz genau, wie die Volkswirtschaft auf geldpolitische Impulse und externe Schocks reagiert. Erschwerend wirkt in beiden Fällen die Dynamik des Systems, also die Tatsache, dass die Wirkung von Impulsen und Schocks oft erst mit beträchtlicher Verzögerung erfolgt. Wie ein guter Steuermann muss auch eine Zentralbank diese Verzögerungen berücksichtigen und vorausschauend agieren.

Um die Modellunsicherheit zu vermindern und der Komplexität Rechnung zu tragen, verwenden moderne Zentralbanken eine Vielzahl von Indikatoren und ökonometrischen Modellen. Diese Modelle basieren auf unterschiedlichen Sichtweisen der Volkswirtschaft, wobei alle Modelle ihre Vor- und Nachteile haben und je nach Situation eine bessere oder schlechtere Beschreibung der Volkswirtschaft liefern. Den Modellen ist jedoch gemein, dass sie alle bestenfalls eine stark vereinfachte Abbildung der Realität darstellen.

Unter die Kategorie Modellunsicherheit zähle ich auch die Parameterunsicherheit. Parameter sind unsicher, da sie in einer Volkswirtschaft nicht beobachtet und meist auch nicht theoretisch hergeleitet werden können, sondern weil sie ökonometrisch geschätzt werden müssen. Jede Schätzung, insbesondere wenn sie auf wenigen Beobachtungen beruht und in einem sich verändernden Umfeld vorgenommen wird, weist eine gewisse Ungenauigkeit auf. Konkret weiß eine Zentralbank zum Beispiel nie ganz genau, wie stark die verschiedenen makroökonomischen Größen auf einen geldpolitischen Impuls reagieren. In der Schweiz hat sich das Problem der Parameterunsicherheit besonders verschärft, weil die Inflation in den letzten Jahren sehr stabil und tief war. Die fehlende Variation der Inflation führt dazu, dass die Parameter der betroffenen Modellgleichungen nur sehr ungenau geschätzt werden können.

Die zweite Quelle der Unsicherheit in der Geldpolitik ist die Datenunsicherheit. Nicht nur die genaue Funktionsweise des Wirtschaftssystems, sondern auch der aktuelle Zustand der Wirtschaft ist nicht restlos bekannt. Dafür gibt es mehrere Gründe. Erstens werden viele Daten, welche Aussagen über den gegenwärtigen

Zustand einer Volkswirtschaft machen, mit Verspätung publiziert. Zweitens unterliegen viele Daten späteren Revisionen, was bedeutet, dass sie bei ihrer erstmaligen Publikation noch nicht endgültig sind. Drittens sind viele Statistiken mit Mess- und Stichprobenfehlern behaftet und somit ungenau. Und viertens werden nicht alle informativen Systemvariablen gemessen, sondern nur einige wenige davon, und diese meist nur mit relativ tiefen Frequenzen. So sind zum Beispiel viele wichtige makroökonomische Datenreihen nur quartalsweise erhältlich. Die Geldpolitik steht somit nicht nur vor der Herausforderung, eine möglichst gute Prognose über die zukünftige wirtschaftliche Entwicklung zu machen, sondern sie steht auch vor dem Problem, sich überhaupt erst einmal ein akkurates Bild des aktuellen Zustands der Wirtschaft zu verschaffen.

Im Falle der Schiffsnavigation hat der technologische Fortschritt die Datenunsicherheit bedeutend vermindert. War früher die Unsicherheit über die genauen Positionen von Schiffen und von gefährlicher Untiefen noch ein ernsthaftes Problem, so wurde dieses Problem durch moderne Navigationssysteme und insbesondere das Global Positioning System mittlerweile deutlich entschärft. Im Falle der Volkswirtschaft hat der technologische Fortschritt die Datenunsicherheit jedoch kaum verringert. Wichtige Größen für die Geldpolitik sind die Daten der nationalen Buchhaltung über die reale Wirtschaftsaktivität. Diese Daten werden letztlich im realen Bruttoinlandsprodukt (BIP) zusammengefasst. Das BIP sowie der daraus abgeleitete Indikator der Produktionslücke stellen zentrale Indikatoren für die Geldpolitik dar. Verspätete und ungenaue Daten zum BIP sind für die Geldpolitik ein ernsthaftes Problem.[3] Die Datenunsicherheit ist in der Schweiz besonders groß. Es stehen nicht nur weniger Daten als in vielen anderen Industrieländern zur Verfügung, sondern auch die Verzögerung bei der Publikation und das Ausmaß der Revisionen sind vergleichsweise groß.

Die dritte Quelle der Unsicherheit, mit welcher die Geldpolitik konfrontiert ist, ist die Unsicherheit über zukünftige exogene Schocks. Diese Aussage mag auf den ersten Blick trivial erscheinen, denn die Zukunft ist immer ungewiss. Im Zusammenhang mit der Geldpolitik hat die Aussage aber trotzdem einige Bedeutung. Ein Geldpolitiker wie auch ein Steuermann muss sich schon in der Gegenwart vorsorglich für zukünftige Eventualitäten rüsten. Der Steuermann muss auch bei Windstille und ruhiger See mit plötzlich auftretenden widrigen Winden und Strömungen rechnen. Er wird daher auch bei ruhigen Verhältnissen vermeiden, allzu nahe an Untiefen vorbeizusegeln. Ein guter Steuermann wird zudem schon im Voraus Gedanken darüber anstellen, wie er sich im Notfall verhalten wird. Diese Überlegungen treffen analog auch für die Geldpolitik zu: die Tatsache, dass die Zukunft Überraschungen birgt, kann Konsequenzen für die aktuelle Geldpolitik haben.

---

[3] Siehe dazu Orphanides und van Norden (2002); für die Schweiz auch Cuche-Curti et al. (2007).

Die drei Quellen der Unsicherheit spielen bei der Krise, die die Finanzmärkte und die Geldpolitik seit einigen Monaten in Atem hält, eine wichtige Rolle. Modellunsicherheit besteht zum Beispiel darin, dass moderne Finanzmärkte äußerst komplex sind und wir einige Mühe haben, ihre Funktionsweise genau zu verstehen und verlässliche Prognosen zu machen. Zwar wurde seit einiger Zeit immer wieder auf die Existenz von Problemen auf dem amerikanischen Immobilien- und Hypothekenmarkt aufmerksam gemacht. Die Dynamik und die Ausbreitung dieser Krise auf den internationalen Finanzmärkten waren aber in mancher Hinsicht überraschend. So wurde nicht erwartet, dass sich eine Krise in einem relativ kleinen Markt für Hypotheken schlechter Bonität in den USA so stark auf weite Teile der internationalen Finanzmärkte übertragen könnte, oder dass die Devisenswapmärkte plötzlich zusammenbrechen könnten. Modellunsicherheit besteht auch beim Verständnis des Einflusses der Finanzmärkte auf die übrige Wirtschaft: Noch immer ist es schwierig abzuschätzen, wie sich die Ereignisse genau auf die Gesamtwirtschaft auswirken werden. Ein weiterer Teil der Unsicherheit geht auf das Konto der Datenunsicherheit. Moderne Finanzmarktinstrumente haben es stark erschwert, sich ein genaues Bild über die Verteilung bestimmter Risiken unter den Finanzmarktteilnehmern zu machen. Nicht zuletzt die Datenunsicherheit ist es auch, welche für die Ausdehnung der Krise sorgte, indem die Verunsicherung über die betroffenen Wertpapiere und Parteien zu einem generellen Versiegen der Liquidität führte, von welchem auch gute Wertpapiere und gute Gegenparteien betroffen waren. Und zuletzt herrscht natürlich auch bei der aktuellen Finanzmarktkrise weiterhin große Unsicherheit über die Zukunft. Zusätzliche zukünftige negative Schocks könnten die Finanzmarktkrise weiter verschlimmern.

4   Risiko und Knight'sche Unsicherheit

Nachdem ich Unsicherheit nach ihrer Quelle unterschieden habe, werde ich im Folgenden Unsicherheit entlang einer weiteren Dimension unterscheiden, und zwar nach ihrer Art.

Die erste Art von Unsicherheit werde ich von nun an Risiko nennen. Mit Risiko bezeichne ich die Unsicherheit, welche durch eine bekannte Wahrscheinlichkeitsverteilung beschrieben werden kann. Diejenige Unsicherheit hingegen, welche mit einer unbekannten Wahrscheinlichkeitsverteilung oder mit einem a priori unbekannten Ereignis assoziiert ist, nenne ich von nun an Knight'sche Unsicherheit. Der Begriff der Knight'schen Unsicherheit geht auf Frank Knight (1921) zurück, der sich als einer der ersten Ökonomen mit Entscheidungen unter Unsicherheit auseinandersetzte.

Das folgende Beispiel illustriert den Unterschied zwischen Risiko und Knight'scher Unsicherheit. Man stelle sich vor, dass man vor einem geschlossenen undurchsichtigen Behälter steht, welcher 50 weiße und 50 schwarze Bälle enthält. Wenn man daraus nun zehn Bälle ziehen muss, dann fällt die Unsicherheit über das Resultat in die Kategorie Risiko: Die Wahrscheinlichkeit jeder möglichen Kombination weißer und schwarzer Bälle ist im vorneherein bekannt.

Nun stelle man sich aber vor, dass man vor einem geschlossenen undurchsichtigen Behälter steht und nicht weiß, wie viele weiße und schwarze Kugeln sich darin befinden. Es ist nicht nur ungewiss, wie viele weiße und schwarze Kugeln sich im Behälter befinden – es ist vielmehr unbekannt, was sich überhaupt darin befindet; es könnten grüne Würfel, gelbe Kegel oder andere angenehme oder unangenehme Objekte sein, von deren Existenz man erst erfährt, nachdem man diese erstmals gezogen hat. Das Resultat eines zehnmaligen Ziehens kann nun nicht mehr mit einer Wahrscheinlichkeitsverteilung beschrieben werden. Bei dieser zweiten Art von Unsicherheit handelt es sich um Knight'sche Unsicherheit.

Risikobehaftete Ereignisse sind kontrollierbar, da sie aufgrund ihrer bekannten Wahrscheinlichkeitsverteilung statistisch modelliert werden können. Risikobehaftete Ereignisse haben die angenehme Eigenschaft, dass sie in der Summe genau ihrem Erwartungswert entsprechen. Im Aggregat betrachtet sind risikobehaftete Ereignisse daher nicht mehr unsicher, sofern wir deren Verteilung kennen. So können wir uns zum Beispiel gegen Feuer oder Diebstahl versichern, womit das damit verbundene individuelle Risiko verschwindet. Da wir Risiken kennen, können wir zudem Risiken vorbeugen.

Es sind somit üblicherweise nicht die Risiken, welche die größten Probleme für das Risikomanagement verursachen. Es ist vielmehr die Knight'sche Unsicherheit, also die unerwarteten Ereignisse, die im Vorfeld als unmöglich erachtet wurden, oder die gar nicht erst in Erwägung gezogen wurden, welche das Risikomanagement vor die größten Herausforderungen stellen. Dies gilt nicht nur für die Geldpolitik, sondern auch für viele andere Disziplinen, nicht zuletzt in der Politik und bei der inneren und äußeren Sicherheit eines Landes. Für eine weitere Illustration des Unterschieds zwischen Risiko und Unsicherheit eignet sich auch die folgende Aussage eines ehemaligen amerikanischen Verteidigungsministers:[4]

> "As we know, there are known knowns. There are things we know we know. We also know there are known unknowns. That is to say we know there are some things we do not know. But there are also unknown unknowns, the ones we don't know we don't know. And if one looks throughout the history of our country and other free countries, it is the latter category that tends to be the difficult ones."

---

[4] Aussage von D. Rumsfeld an einer Pressekonferenz des US-Verteidigungsministeriums am 12. Februar 2002.

Die *known unknowns* entsprechen dem Risiko – Risiko ist etwas, von dem wir wissen, dass wir es nicht wissen. Knight'sche Unsicherheit hingegen beschreibt die *unknown unknowns*. Die *unknown unknowns* sind diejenigen Dinge, von denen wir nicht wissen, dass wir sie nicht wissen, also unerwartete Ereignisse.

Die aktuelle Finanzmarktkrise ist ein Paradebeispiel für ein unsicheres Ereignis im Knight'schen Sinne: Obwohl seit längerem auf Probleme im amerikanischen Häuser- und Hypothekenmarkt hingewiesen wurde, kam es zu absolut unerwarteten Entwicklungen auf den internationalen Finanzmärkten. Nicht die Tatsache, dass auf Anlagen in US Subprime Instrumente beachtliche Verluste entstehen können, war die eigentliche Überraschung. Die eigentliche Überraschung war vielmehr die massive Beeinträchtigung der internationalen Geld- und Devisenswapmärkte und der massive Vertrauensschwund in das Bankensystem. Der Ablauf der Finanzmarktkrise ist ein Ereignis, das sich vor deren Ausbruch niemand in dieser Ausprägung vorgestellt hatte und welches demzufolge auch von niemandem mit einer Eintretenswahrscheinlichkeit versehen wurde. Sie ist somit, wie übrigens die meisten bedeutenden historischen Finanzkrisen auch, eine typische Ausprägung Knight'scher Unsicherheit.

Auch was die Größe der Verluste aus der gegenwärtigen Finanzmarktkrise betrifft, haben wir ein Ereignis Knight'scher Unsicherheit. Gemäß den Risikomodellen vieler Banken waren die Preisentwicklungen bestimmter Anlagen im Subprime-Bereich im vergangenen Jahr a priori derart unwahrscheinlich, dass sie eigentlich gar nie hätten eintreten dürfen. Im Gegensatz zum Risiko ist Knightsche Unsicherheit nicht direkt messbar und daher auch kaum bewertbar, d.h. schwierig mit einem Preis zu versehen. Durch das Ausbleiben von Realisationen Knight'scher Unsicherheit in der jüngeren Vergangenheit waren offenbar immer mehr Marktteilnehmer der Meinung, dass Knight'sche Unsicherheit bei der Bewertung von Vermögenspreisen vernachlässigbar sei. Der Rückgang der Risikoprämien auf historische Tiefstwerte in den vergangenen Jahren mag genau dem Rückgang des Risikos, also der berechenbaren und erwarteten zukünftigen Schwankungen der unterliegenden Vermögenspreise entsprechen. Wie es sich nun ex post herausstellte, waren die Risikoprämien auf gewissen Märkten jedoch viel zu gering – sie enthielten keinerlei Kompensation für Knight'sche Unsicherheit. Die tiefen Risikoprämien verleiteten viele Investoren dazu, zu hohe Risiken zu übernehmen. In diesem Zusammenhang ist auch interessant festzustellen, dass ein Grossteil der Anlageinstrumente aus dem Subprimebereich nie eine eigentliche Marktbewertung hatte, sondern von den Banken nach bestimmten Modellen und Vorstellungen bewertet wurde.

Bei der aktuellen Finanzmarktkrise handelt es sich keineswegs um den ersten Boom-Bust-Zyklus an den Finanzmärkten, und es wird auch nicht der letzte sein. Dennoch ist es erstaunlich, dass über eine derart lange Zeitspanne erneut derart große Fehlinvestitionen getätigt wurden - trotz einer nur wenige Jahre zurückliegenden spekulativen Aktienblase, trotz eines angeblich hoch entwickelten Risikomanagements bei den Banken, und trotz einer derart breiten Masse von potenziell gut informierten Investoren und Analysten. Viele Marktteilnehmer haben zu stark ihren statistischen Modellen vertraut und zu wenig Augenmaß und gesunden Menschenverstand walten lassen.

5   Konsequenzen der Unsicherheit für die Geldpolitik

Was sind nun die Konsequenzen der Unsicherheit für die Geldpolitik? Die wirtschaftswissenschaftliche Forschung hat in den vergangenen Jahren verschiedene Einsichten betreffend den Umgang der Geldpolitik mit Unsicherheit gewonnen.[5] Ein wichtiges und intuitiv einleuchtendes Resultat dieser Forschung würde ich als das Prinzip der ruhigen Hand bezeichnen: Geldpolitik soll im Normalfall mit einer ruhigen Hand geführt werden. In der Literatur wird dieses Handlungsprinzip auch oft Prinzip der Trägheit (*inertia*) oder Gradualismus (*gradualism*) genannt.[6] Ich vermute zudem, dass eine ruhige Hand auch einem Steuermann zum Vorteil gereicht.

Konkret äußert sich eine Geldpolitik der ruhigen Hand in einer graduellen und vorsichtigen Anpassung des geldpolitischen Instruments als Reaktion auf Veränderungen der wirtschaftlichen Rahmenbedingungen. Informationen über den Zustand der Volkswirtschaft und über Schocks auf die Volkswirtschaft treffen stündlich, täglich und monatlich ein; das geldpolitische Instrument könnte somit im Prinzip in denselben Frequenzen angepasst werden. Trotzdem tendieren Zentralbanken dazu, ihren Leitzins nur in längeren Zeitabständen und nur in kleinen Schritten zu ändern. Im Falle der Schweiz geschehen Zinsanpassungen im Normalfall im Rahmen der vierteljährlichen Lagebeurteilung, also vier Mal pro Jahr, und meistens im Umfang von nur 25 Basispunkten.

Das Prinzip der ruhigen Hand besagt, dass nur dann gehandelt werden soll, wenn man ziemlich sicher davon ausgehen kann, dass eine Handlung unter den meisten Umständen der Untätigkeit vorzuziehen ist. Diese Entscheidungsregel zielt nicht zuletzt auch auf die Vermeidung von Fehlern und darauf folgenden Korrekturen von Fehlern ab. Die ruhige Hand ist in diesem Sinne eine robuste Regel, die unter einer Vielzahl von Entwicklungen akzeptable Ergebnisse liefert. Gerade bei langen und variablen Wirkungsverzögerungen, wie sie in der Geldpolitik vorherrschen, ist eine Politik der ruhigen Hand von großem Vorteil, da dadurch die Gefahr eines unerwünschten prozyklischen Verhaltens der Geldpolitik minimiert wird. Das Prinzip der ruhigen Hand impliziert auch eine Konzentration der geldpolitischen Bemühungen auf die mittel- und langfristige Erhaltung

---

[5] Vergleiche dazu Brainard (1967), Bernanke (2007) und González-Páramo (2006).

[6] Vergleiche dazu auch Bernanke (2004) und Blinder (2006).

der Preisstabilität und spricht gegen eine ambitionierte Feinsteuerung der Konjunktur.

Unsicherheit kann aber auch Situationen schaffen, in denen vom Prinzip der ruhigen Hand abgewichen werden sollte, nämlich wenn es gilt, ein sich abzeichnendes Worst-Case-Szenario abzuwenden. In solchen Fällen bewährt sich das Prinzip der vorsichtigen und graduellen Schritte nicht und es braucht eine rasche und entschlossene Reaktion der Geldpolitik. Auch hier bietet sich wieder die Analogie zum Steuermann an. Dieser wird bei einer konkreten Kollisionsgefahr alle Mäßigung aufgeben und das Ruder sofort bis zum Anschlag drehen, um die Kollision abzuwenden. Der Fachbegriff für diese Entscheidungsregel heißt Minimax-Regel. Minimax steht für die Minimierung des maximalen Verlustes. Die Minimax-Entscheidungsregel strebt somit prioritär die Vermeidung des schlimmsten Falles an.

Für die Minimax-Regel findet sich in der jüngeren Vergangenheit viel Anschauungsmaterial. Ein Beispiel ist die rasche Senkung der Leitzinsen in den Jahren 2001 bis 2003 in vielen westlichen Industrieländern. Die drastische Senkung der Leitzinsen kann als Anwendung der Minimax-Regel zur Vermeidung einer drohenden Deflation verstanden werden: Die Weltwirtschaft befand sich damals in einem Konjunkturtief, bei gleichzeitig tiefen und fallenden Inflationsraten. Obwohl die Wahrscheinlichkeit eines Abgleitens in eine deflationäre Spirale wahrscheinlich eher gering war, handelten Zentralbanken weltweit rasch und energisch, um diesem Risiko mit ungewissem Ausgang entgegenzutreten.

Die Reaktionen vieler Zentralbanken auf die aktuelle Finanzmarktkrise bzw. auf die akuten Probleme im Geldmarkt sind ebenfalls mit der Minimax-Regel erklärbar. Was die Folgen des fehlenden Vertrauens an den Geldmärkten sein könnten, ist unsicher im Knight'schen Sinne. Die Probleme am Geldmarkt könnten sich im schlimmsten Fall sehr negativ auf die Weltwirtschaft auswirken. Es ist jedoch kaum möglich, den schlimmsten Fall akkurat zu beschreiben, noch ist es möglich, dem schlimmsten Falle eine Wahrscheinlichkeit beizumessen. Die Zentralbanken haben daher weltweit sehr rasch reagiert und große Mengen an Liquidität bereitgestellt, um eine Eskalation am Geldmarkt zu verhindern.

Unabhängig von der Entscheidungsregel besteht ein wichtiges Element guten Risikomanagements in der Geldpolitik selbstverständlich darin, die vorherrschende Unsicherheit durch eine umfassende Analyse und permanente Wissensausdehnung so weit wie möglich zu verringern. Entscheidungen sollten auf eine möglichst breite Informationsbasis abgestützt werden. Sämtliche Daten und Modelle müssen pragmatisch und unvoreingenommen auf ihren Informationswert geprüft werden; es sollten nicht dogmatisch gewisse Informationen oder Modelle bevorzugt oder von der Analyse ausgeschlossen werden. Um auch hier wieder auf den Steuermann zurückzukommen – auch dieser wird sich bezüglich seiner Informationsquellen keine freiwilligen Beschränkungen auferlegen, sondern er wird alle nützlichen und ihm zur Verfügung stehenden Informationsquellen wie Seekarten, Radar, GPS und Kompass verwenden, um die Gefahr für Schiff und Mannschaft zu minimieren.

Auch eine umfassende Analyse kann jedoch Unsicherheit nicht vollständig beseitigen. Ein weiterer Anspruch an gutes Risikomanagement besteht deshalb darin, einen möglichst großen Teil der verbleibenden Restunsicherheit durch geeignete Überlegungen und Simulationen von Risikoszenarien einschätzbar zu machen. Dabei spielen das so genannte Judgment, also der gesunde Menschenverstand und das Augenmaß, eine zentrale Rolle, da sich die Knight'sche Unsicherheit per Definition nicht mit quantitativen Methoden modellieren lässt. Für den Steuermann heißt dies zum Beispiel, dass er sich nicht nur auf Seekarten, Radar, Kompass und GPS verlässt, sondern zusätzlich Augen und Ohren offenhält und bei voneinander abweichenden Informationen besondere Vorsicht walten lässt. Ein guter Steuermann wird sich zudem unvoreingenommen Gedanken machen über potenzielle Gefahren, auch wenn noch keine konkreten Anzeichen für solche Gefahren ersichtlich sind.

Das Prinzip der breiten Abstützung der Geldpolitik und der Anwendung von Judgment kann gut anhand der Inflationsprognose der Schweizerischen Nationalbank (SNB) illustriert werden. Diese stellt den zentralen Indikator für ihre geldpolitischen Entscheidungen dar. Ein Hauptgrund für den Übergang von den Geldmengenzielen zum aktuellen geldpolitischen Konzept war es, den Fokus der Analyse nicht mehr nur auf die Geldmengen zu beschränken, sondern ihn auszuweiten.

Die SNB bezeichnet ihre Inflationsprognose oft auch als Konsensprognose, da sie aus einer Gewichtung von Informationen von verschiedenen Indikatoren und ökonometrischen Modellen entsteht. Diese Gewichtung basiert auf einer eingehenden Analyse der gesamtwirtschaftlichen Situation und dem Judgment der am Prognoseprozess beteiligten Experten.

Neben der publizierten Inflationsprognose, welche auf dem wahrscheinlichsten Szenario für die weltwirtschaftliche Entwicklung basiert, werden im Verlaufe der Analysen auch Alternativszenarien ausgearbeitet und deren Folgen für die wirtschaftliche Entwicklung in der Schweiz simuliert. Die daraus resultierenden Prognosen werden zwar nicht publiziert, dienen jedoch dazu, sich potenzieller Gefahren bewusst zu werden, und sind somit ebenfalls als Teil des Risikomanagements zu verstehen. Auch bei der Erarbeitung potenzieller Risikoszenarien spielt Judgment eine zentrale Rolle.

Nicht nur bei der Analyse und der Erstellung der Inflationsprognose hat Judgment eine wesentliche Funktion, sondern auch beim geldpolitischen Entscheid selbst. Das Direktorium der SNB reagiert nie mechanisch auf eine Inflationsprognose oder auf einzelne Indikatoren, sondern berücksichtigt die Gesamtheit der zur Verfügung stehenden Informationen vor dem Hintergrund seiner Erfahrungen und seiner Risikoeinschätzung.

Ein letztes wichtiges Element im Umgang mit Knight'scher Unsicherheit ist ausreichende Flexibilität. Da es sich bei den kritischen und gefährlichen Situationen eben gerade meistens um unerwartete Ereignisse handelt, sind die zur Bewältigung der Situation notwendigen Maßnahmen nicht im Voraus planbar. Jede Krise unterscheidet sich von der vorangehenden und erfordert somit eine maßgeschneiderte Reaktion. Es ist daher wichtig, dass eine Institution über die notwendige Flexibilität und die Entscheidungsfähigkeit verfügt, um gegebenenfalls neue und innovative Methoden zur Krisenbewältigung rasch anwenden zu können. Die verschiedenen und innovativen Maßnahmen der Zentralbanken im Zusammenhang mit der aktuellen Vertrauenskrise am Geldmarkt sind Ausdruck dieser Flexibilität.

Die Gewährleistung der Flexibilität war ein wichtiges Ziel bei der Schaffung des heutigen geldpolitischen Konzepts der SNB. Die Flexibilität drückt sich vor allem in zwei Bereichen aus. Zum einen strebt die SNB Preisstabilität in der mittleren und längeren Frist an. Dies eröffnet ihr in der kurzen Frist einen beträchtlichen geldpolitischen Spielraum. Dieser Spielraum ist dann besonders groß, wenn er in einer Phase der Preisstabilität wahrgenommen werden kann. Zum anderen legt die SNB ein Zielband und kein Punktziel für ihr operatives Ziel fest. Das breite Zielband für den Dreimonats-Libor erlaubt es der SNB, am ganz kurzen Ende der Zinskurve mit den Reposätzen auf mögliche Störungen zu reagieren, ohne sogleich ihre Geldpolitik anpassen zu müssen. Schliesslich wird die Flexibilität der SNB auch dadurch sichergestellt, dass das Direktorium bei Bedarf jederzeit, also auch ausserhalb der quartalsweise stattfindenden Lagebeurteilungen, die Geldpolitik anpassen kann.

6   Schlussfolgerungen

Die Existenz von Unsicherheit hat aus meiner Sicht folgende Konsequenzen für die Geldpolitik:

Erstens müssen sich die geldpolitischen Entscheidungsträger der Unsicherheit, mit welcher sie konfrontiert sind, sowie der Grenzen ihres Wissens bewusst sein. Sie müssen insbesondere die verschiedenen Arten und Quellen der Unsicherheit kennen und verstehen. Der rasche Wandel in der Wirtschaft und die hohe Komplexität vieler Märkte führten dazu, dass sich die Unsicherheit in den letzten Jahren erhöht hat und an Bedeutung für die Geldpolitik gewonnen hat. Von besonderer Wichtigkeit ist hierbei die Knight'sche Unsicherheit.

Zweitens zwingt der hohe Grad an Unsicherheit die Geldpolitik dazu, sich auf ihre wesentlichen Aufgaben zu konzentrieren. Die Geldpolitik muss primär die Preisstabilität sicherstellen und die Volkswirtschaft vor den größten Gefahren bewahren. Geldpolitik mit dem Ziel der Wahrung der Preisstabilität berücksichtigt automatisch die jeweilige Konjunkturlage und dämpft damit tendenziell Konjunkturschwankungen. Die hohe Unsicherheit spricht aber gegen eine ambitionierte Feinsteuerung der Konjunktur. In einem Umfeld hoher Unsicherheit kann es nicht um das Erreichen der bestmöglichen Lösung gehen, sondern vor allem um die Vermeidung grober Fehler und somit um das Erreichen eines akzeptablen Resultates.

Drittens unterstreicht die Knight'sche Unsicherheit die hohe Bedeutung von Judgment und Flexibilität in der geldpolitischen Entscheidungsfindung. Geldpolitik bedeutet Entscheiden unter Unsicherheit. Dabei kann die Geldpolitik nie mechanisch vorgehen. Geldpolitische Entscheidungträger müssen sich nach einer möglichst breit abgestützten Analyse auch auf ihr eigenes Judgment, d.h. auf ihren gesunden Menschenverstand und ihre Intuition, verlassen können. Geldpolitik ist in diesem Sinne – wie oft in der Literatur erwähnt – nicht nur Wissenschaft, sondern auch Kunst.

Viertens ist die Weiterentwicklung unseres Wissens über die Funktionsweise der Wirtschaft ganz zentral. Auch wenn Geldpolitik nie vollkommen mechanisch und regelbasiert entscheiden soll, ist ein Verständnis über die Funktionsweise der Wirtschaft für die Qualität der Geldpolitik entscheidend. Fortschritte sind auf verschiedenen Gebieten wünschbar. Dazu gehört die Verbesserung der Qualität und Verfügbarkeit der Daten und die Verbesserung der Modelle. Dazu gehört aber auch der Umgang mit Unsicherheit, insbesondere der Umgang mit Knightscher Unsicherheit.

Ich beende meinen Aufsatz mit einem Zitat des Wirtschaftsnobelpreisträgers Friedrich August von Hayek. In seiner Nobelpreisrede warnte Hayek 1974 eindringlich vor einer unkritischen Anwendung von naturwissenschaftlichen Methoden in den Sozialwissenschaften, wozu letztlich auch die Volkswirtschaftslehre gehört. In der Terminologie meines Vortrages heißt dies nichts anderes, als dass er davor warnte, die Knight'sche Unsicherheit zu unterschätzen. Hayek schrieb: "I prefer true but imperfect knowledge, even if it leaves much indetermined and unpredictable, to a pretence of exact knowledge that is likely to be false." Obwohl vor über 30 Jahren geschrieben, haben seine Warnungen vor einer Anmaßung des Wissens nicht an Aktualität eingebüßt.

Literatur

Bernanke, B. (2004), Gradualism, Remarks at an Economics Luncheon Co-sponsored by the Federal Reserve Bank of San Francisco and the University of Washington, 20. Mai 2004.

Bernanke, B. (2007), Monetary Policy under Uncertainty, Speech at the 32. Annual Economic Policy Conference, Federal Reserve Bank of St. Louis, 19. Oktober 2007.

Blinder, A. (1998), Central Banking in Theory and Practice. MIT Press, Cambridge, Massachusetts.

Blinder, A. (2006), Monetary Policy Today: Sixteen Questions and about Twelve Answers, Referat an der Konferenz der Banco de España zum Thema "Central Banks in the 21st Century".

Brainard, W. (1967), Uncertainty and the Effectiveness of Policy, American Economic Review Papers and Proceedings, 57(2).

Cuche-Curti, N, P. Hall und A. Zanetti (2007), Swiss GDP Revisions: A Monetary Policy Perspective, mimeo, Schweizerische Nationalbank.

González-Páramo J. M. (2006), Uncertainty and Gradualism in Monetary Policy, Referat an der Universidad Pablo de Olavide Sevilla, 17. März 2006.

Greenspan, A. (2004), Risk and Uncertainty in Monetary Policy, Remarks at the Meeting of the American Economic Association, San Diego, California, 3. Januar 2004.

Hayek, F. A. (1974), The Pretence of Knowledge, Rede anlässlich der Verleihung des Wirtschaftsnobelpreises.

Hildebrand, P. (2006), Monetary Policy and Financial Markets, Referat vor der Schweizerischen Gesellschaft für Finanzmarktforschung vom 7. April 2006.

Knight, F. (1921), Risk, Uncertainty, and Profit. Boston, New York, Mifflin.

Orphanides, A. und S. van Norden (2002), The Unreliability of Output Gap Estimates in Real Time, Review of Economics and Statistics, Vol. 84(4).

Conducting monetary policy under uncertainty - Comment to Thomas Jordan "Geldpolitik und Unsicherheit"

Christian Grisse[*]

1   Introduction

Central banks operate in an environment of uncertainty. Which future shocks are likely to affect economic developments? How do changes in policy instruments affect target variables, and at what lags? Economic modeling and empirical analysis can provide only some rough answers to these and similar questions: limited data availability implies that even the current state of the economy is not known with certainty. Therefore, monetary policymakers must find ways to deal with uncertainty.

Thomas Jordan's article on monetary policy under uncertainty is a very interesting analysis of a highly relevant topic. With the increasing complexity and international integration of financial markets in recent decades, uncertainty has become more pervasive. Furthermore, understanding the implications of uncertainty for monetary policy is especially relevant given the current environment of

---

[*] Christian Grisse is a Ph.D. Candidate at Cambridge University. His research interests include Financial Economics and International Macroeconomics.

uncertainty in the aftermath of the subprime mortgage crisis, whose causes and consequences are still not fully understood.

Jordan provides a summary of the sources and policy responses to uncertainty from a central banker's perspective. In particular, he argues that while gradual policy changes may be the best response to uncertainty in most environments, in some situations more aggressive policy changes are required to avoid worst-case scenarios. The aim of this discussion is to provide some theoretical background to Jordan's analysis (section 2 and 3). Section 4 briefly introduces another important aspect in the topic of monetary policy and uncertainty which is missing from Jordan's analysis, namely that monetary policy itself can be a source of uncertainty. Finally, section 5 concludes.

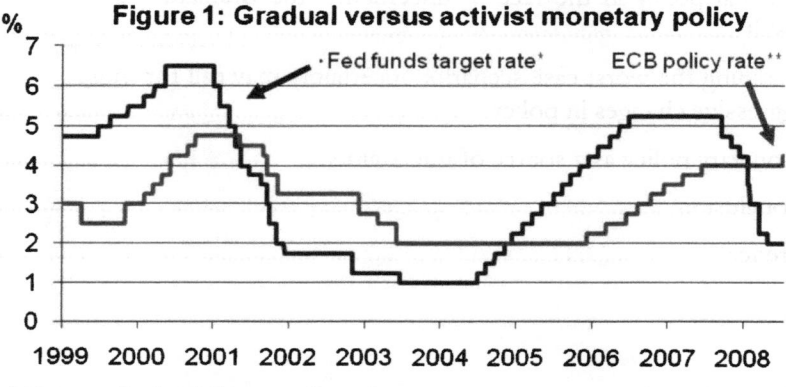

Figure 1: Gradual versus activist monetary policy

* Source: Federal Reserve Board.
** Source: ECB. Rate for main refinancing operations.

2 Gradual policy in the face of uncertainty: the Brainard (1967) result

Jordan argues that the presence of uncertainty will often imply that policymakers should use caution in responding to economic shocks: monetary policy should avoid extreme changes in policy, so that policy evolves gradually. Indeed, Figure 1 suggests that this is how the world's most important central banks, the Federal Reserve and the European Central Bank (ECB) have conducted their policy. Interest rates were sometimes held steady for long periods, and mostly changed in steps of only 25 or at most 50 basis points. As a former central banker Blinder (1998) also argues that gradualism in monetary policy is sensible. In an empirical paper, Rudebusch (2001) finds that uncertainty (and in particular data uncertainty) can explain why policy response functions found in the data exhibit smaller responses to shocks than suggested by calibrated models of optimal policy (which typically do not account for uncertainty).

The theory behind the argument that *gradual* policy is an optimal response to uncertainty goes back to Brainard (1967). Suppose that the central bank chooses a policy instrument P (for example, the short-term interest rate) in order to affect a target variable y (for example inflation), which is given by

$$y = aP + u \qquad (1)$$

where a describes how the policy instrument affects the target variable, and u captures an exogenous shock. The central bank chooses the policy instrument in order to minimize a quadratic loss function

$$E(L) = -(y - y^*)^2 \qquad (2)$$

where y^* denotes the target level of y, and $E(\cdot)$ denotes the expectation conditional on the policymaker's information set.

First, assume that a and u are known to the policymaker. In this case, minimizing the loss function (2) with respect to P yields the optimal policy under certainty as

$$P^* = \frac{y^* - u}{a} \qquad (3)$$

In a next step, we can analyze how uncertainty about the exogenous shock u affects optimal policy. Suppose that u is a random variable with mean $\bar{u}$ and variance σ_u^2, which are known by the policymaker.[1] Then optimal policy is given by

$$P^* = \frac{y^* - \bar{u}}{a} \qquad (4)$$

This result is known as *certainty equivalence*: the central bank behaves as if the unknown shock u could be equal to its expected value with certainty. Further information about the probability distribution of shocks (such as the variance of shocks σ_u^2) does not affect policy.

While certainty equivalence is a common feature in economic models, it does not generally hold. To see this, suppose that in addition to u, the value of a is also unknown to the policymaker. In particular, assume that a has mean $\bar{a}$ and variance σ_a^2, and let ρ denote the correlation coefficient of a and u.

---

[1] Note that uncertainty about a can be interpreted as resulting from data uncertainty, parameter uncertainty, or both. Furthermore, the probability distribution of a (described here only through mean and standard deviation) might not be known explicitly, but could also correspond to estimated or subjective probabilities under Knightean uncertainty.

In this case minimizing the expected loss function in (2) with respect to P results in

$$P^* = \frac{\bar{a}\,(y^* - \bar{u}) - \rho\sigma_a\sigma_u}{\bar{a}^2 + \sigma_a^2} \tag{5}$$

It follows that certainty equivalence holds only when the uncertainty is of *additive*, rather than *multiplicative* nature: when the transmission mechanism from the policy instrument to the target variable is uncertain, information about the probability distributions of a and u is useful for formulating policy. The greater the uncertainty about a (the larger σ_a^2), the smaller the optimal policy reaction P^*: policy should become more gradual or cautious in an environment of uncertainty.

To understand this result, note that the loss function in (2) can be written as[2]

$$E(L) = -[(\bar{y} - y^*)^2 + \sigma_y^2]$$

The policy which minimizes the first term is equal to the certainty equivalence result in (3). However, the second term is minimized by setting $P=0$. The optimal policy under uncertainty P^* is a compromise between these two extremes.

3 Avoiding the worst case scenario: uncertainty may call for more aggressive changes in policy

Jordan argues that in some cases, increased uncertainty may require aggressive policy changes. Indeed, the Brainard (1967) result is not robust to more general model settings. One way to see this is to modify the structural equation (1) to allow for persistence in the target variable over time,

$$y_t = aP_t + by_{t-1} + u_t \tag{6}$$

where subscripts denote time periods and the parameter b governs the persistence of y. The loss function in (2) could then depend on current and future deviations from target,

$$L_t = \sum_{s=0}^{\infty} \beta^s (y_{t+s} - y^*)^2 \tag{7}$$

---

[2] This follows since $E(y^2) = \sigma_y^2 + \bar{y}^2$.

where β denotes the discount factor. Shuetrim and Thompson (2003) show that in this setting, the optimal policy requires larger changes in the instrument P_t more than would be optimal under certainty, contrary to the Brainard (1967) result.

Mishkin (2008) argues that especially in times of financial disruptions, loss functions such as (2) and (7) may not be an adequate description of central bank preferences. The reason is that the above loss functions penalize positive and negative deviations from target equally; however Walsh (2000) notes that in reality, the cost of deviations from target may not be symmetric. This would then call for policy that weights costs and probabilities appropriately, possibly requiring strong policy reactions to ensure that highly costly outcomes are avoided.

An alternative way to describe central bank preferences and especially the desire to avoid worst-case scenarios is to minimize the maximum expected loss ("minimax") of (2). That is, the policymaker may choose P according to

$$\overset{\text{min}}{P}[\max(y - y^*)^2] \qquad (8)$$

where the maximum of $(y\text{-}y^*)^2$ is computed over all possible combinations of values of a and u (in practice, over a suitably defined grid of a and u).

Several authors have analyzed monetary policies which are robust in this sense, so that they perform reasonably well in a wide range of possible situations [Tetlow and von zur Muehlen (2001), Giannoni (2002), Levin and Williams (2003), Onatski and Williams (2003)]. Typically researchers found that these robust policies react more aggressively to shocks than suggested by certainty equivalence.

The recent policy response of the Federal Reserve to the subprime mortgage crisis could be interpreted as reflecting the wish to avoid the "worst case scenario" of a financial meltdown, an event with possibly a low probability of occurrence, but a very high cost. In January and March 2008, the Fed twice lowered the key policy rate by an unusually large 75 basis points. Furthermore, the first decision came at an unscheduled FOMC meeting. This active policy response stands in stark contrast to the response of the ECB, who left interest rates unchanged (although, like the Fed, it provided large amounts of liquidity to the markets).

4 Monetary policy as a source of uncertainty

One issue that is missing from Jordan's analysis is the possibility that monetary policy itself can be a source of uncertainty for financial market participants and the wider economy. Understanding the central bank's views of economic developments and the rationale behind central bank policy decisions can help financial market participants, firms who need to set prices, and employers and employees who need to set wages to form expectations about the future path interest rates and inflation. Therefore it may be beneficial for monetary policy makers to be transparent about their actions and views: transparency can help to anchor inflation expectations of the public, and thus to reduce the uncertainty under which the central banks operate.

A large literature has explored arguments in favor and against monetary policy transparency, and has argued that central bank transparency may be beneficial for policymakers [see for example Geraats (2002) for a survey]. In practice, there is a trend among world central banks towards more transparency.

One reason for the typical gradualism of monetary policy may also be the wish to avoid sending noisy signals to financial markets, and to avoid being incorrectly understood by market participants. For example, it has been argued that the initial unusually large liquidity provision by the ECB at the onset of the subprime mortgage crisis in August 2007 left financial markets worried that the central bank might be reacting to yet unknown negative information about the severity of the crisis, which may have induced excessive market reactions at the time.[3]

5 Conclusion

Central bankers act in an environment of uncertainty, especially following the rapid changes through financial market innovation and integration in recent decades. This uncertainty is severe in particular in the current environment of financial turmoil. Thomas Jordan's article is therefore a very timely analysis of the interesting and important issue of monetary policy under uncertainty.

Economic research has shown that while in many settings gradual policy is the optimal response the uncertainty, in some cases uncertainty requires more decisive policy changes to avoid severely negative outcomes. However, many questions remain unanswered. In particular, it appears to be still unclear under exactly what conditions gradualism versus more activist policy is optimal: the best response of monetary policy to uncertainty appears to depend on the type of uncertainty, the symmetry of the costs of policy mistakes, and the shape of the (objective or subjective) probability distributions that describe the underlying uncertainty.

---

[3] See for example "Has the bank seen something nasty on the horizon?" Financial Times, August 9, 2007.

Furthermore, as argued by Sims (2001), economic research has typically ignored some more important forms of uncertainty (which are also more difficult to model).[4] Monetary policy under uncertainty remains a very important and promising area for future research.

6 References

Blinder, Alan S. (1998): *Central banking in theory and practice.* Cambridge (Mass.) and London: MIT press.

Brainard, William (1967): Uncertainty and the effectiveness of policy, *American Economic Review* 57(2), pages 411-425.

Geraats, Petra M. (2002): Central bank transparency, *Economic Journal* 112(483), pages 532-565.

Giannoni, Marc P. (2002): Does model uncertainty justify caution? Robust optimal monetary policy in a forward-looking model, *Macroeconomic Dynamics* 6(1), pages 111-144.

Levin, Andrew T. And John C. Williams (2003): Robust monetary policy with competing reference models, *Journal of Monetary Economics* 50(5), pages 945-975.

Mishkin, Frederic (2008): Monetary policy flexibility, risk management, and financial disruptions. Speech at the Federal Reserve Bank of New York, January 11, 2008.

Onatski, Alexei and Noah Williams (2003): Modeling model uncertainty, *Journal of the European Economic Association* 1(5), pages 1087-1122.

Rudebusch, Glenn D. (2001): Is the Fed too timid? Monetary policy in an uncertain world, *Review of Economics and Statistics* 83(2), pages 203-217.

Shuetrim, Geoffrey and Christopher Thompson (2003): The implications of uncertainty for monetary policy, *Economic Record* 79(246), pages 370-379.

Sims, Christopher A. (2001): Pitfalls of a minimax approach to model uncertainty, *American Economic Review* 91(2), pages 51-54.

Tetlow, Robert J. and Peter von zur Muehlen (2001): Robust monetary policy with misspecified models: does model uncertainty always call for attenuated policy? *Journal of Economic Dynamics and Control* 25(6-7), pages 911-949.

---

[4] In particular, Sims (2001) argues that the uncertainty arising from limited understanding of the risk of deflationary spirals and of the effects of output on inflation is more important than the uncertainty about parameters in economic models.

Walsh, Carl E. (2000): Uncertainty and monetary policy, *Federal Reserve Bank of San Francisco Economic Letter* 2000-08.

Einige Gesetzmäßigkeiten auf dem Gebiet von Geld und Währung[1]

Peter Bernholz[*]

1   Einleitung

1.1   Vernachlässigung der Geschichte in der Wirtschaftswissenschaft

Im 19. und beginnenden 20. Jahrhundert war die historische Erforschung der wirtschaftlichen und sozialen Beziehungen weit verbreitet. Ich möchte in diesem Zusammenhang nur an so bedeutende Forscher wie Gustav Schmoller, Adolph

---

[1] Wir bedanken uns auf diesem Wege beim Blackwell-Synergy Verlag für die Abdruckrechte des Artikels, der ursprünglich unter dem Titel „Die Bedeutung der Geschichte für die Wirtschaftswissenschaften" in Perspektiven der Wirtschaftspolitik 2005 6(2): 131-150 erschien. Der vorliegende Text stellt eine leicht gekürzte Version dieses Artikels dar und entspricht im Wesentlichen dem am 26. Juni 2007 an der Universität Freiburg gehaltenen Vortrag.

[*] Prof. Dr. Dr. h.c. Peter Bernholz ist Emeritus des Wirtschaftswissenschaflichen Zentrums der Universität Basel.

Wagner und Max Weber erinnern. Leider ist heute die historische Forschung in den Wirtschaftswissenschaften eher in den Hintergrund getreten. Vor allem aber hat im akademischen Betrieb die Unterrichtung in Wirtschaftsgeschichte anderen Prioritäten weichen müssen, vermutlich mit erheblichem Schaden für die Zukunft nicht nur der Forschung, sondern auch der für die Beurteilung langfristiger Entwicklungen wichtigen Kenntnisse künftiger Wirtschaftsführer. So äußerte sich unlängst John Kay (2003, p.18) von der Oxford University auf einer Tagung des CESIfo-Instituts zu den dramatischen Ereignissen insbesondere an den Kapitalmärkten wie folgt:

"In understanding the events of the late 1990s, we learn more from economic history than efficient market theory. A remarkable characteristic of the boom and bust was how it paralleled earlier speculative bubbles not just in general but in considerable detail."

Tatsächlich hätten sich wohl manche Ereignisse vermeiden lassen, wenn die verantwortlichen Wirtschaftsführer während ihres Studiums nur das Buch von Charles Kindleberger ‚Maniacs, Panics and Crashes' (1978) gelesen hätten. Diese Ausführungen sollten nicht als Kritik an der mathematisch formulierten Theorie oder der Ökonometrie aufgefasst werden, von denen ich selbst oft Gebrauch gemacht habe. Vielmehr geht es darum, die Gewichte wieder zurechtzurücken, so dass die Theorie im Wechselspiel mit der historischen Forschung weiterentwickelt und -vermittelt werden kann.

1.2   Methodologische Probleme

Es gibt Historiker, die die Möglichkeit von generellen Theorien zur Erklärung von historischen Erscheinungen grundsätzlich für unmöglich halten. Denn sind nicht alle historischen Ereignisse einmalig in dem Sinne, dass sie sich nie so wiederholen? So können wir etwa in der „Geschichte des Altertums" des Altmeisters der Historiker Eduard Meyer (1910, Bd. 1, 174) lesen:

„ . . . der Widerstand der individuellen Tendenzen . . . . schafft die Sonderart des einzelnen Ereignisses, ihr Zusammenwirken das geschichtliche Leben und die geschichtliche Entwicklung. Eben darum ist diese in jedem Einzelfall andersartig gestaltet und kennt keine Gesetze und kann keine kennen; so oft auch eine auf Irrwege geratene Theorie sie gefordert hat und auch in der Gegenwart fordert, ja sich einbildet, sie entdeckt zu haben: . . . "

Meyer und andere Historiker bezweifeln außerdem, dass es ökonomische Gesetzmäßigkeiten geben könne, die für alle historischen Perioden Gültigkeit hätten:

„Das gleiche gilt auch vom Wirtschaftsleben, das nach einer modernen Theorie der eigentliche Träger der geschichtlichen Erscheinungen sein und nach ewigen ehernen Gesetzen, ohne Möglichkeit einer individuellen Wirkung, verlaufen soll." (Meyer, Bd. 1, 195).

Schließlich wird von einigen Historikern der Standpunkt vertreten, dass man eine gegebene Periode nur unter Verwendung ihrer eigenen Begriffe und Vorstellungen verstehen könne. Um wieder Eduard Meyer zu zitieren (Bd. 1, 205):

„ . . . die historische Kritik hat die Aufgabe, sich von dieser [der Gegenwart] zu emanzipieren, die Vergangenheit aus ihren eigenen Bedingungen, Anschauungen, materiellen Zuständen zu begreifen; der Historiker muss sich daher mit seinem ganzen Denken in die Vergangenheit versetzen, sich ihr anfühlen, in ihr leben."

Ich möchte diese Überlegungen durchaus ernst nehmen, so dass etwa die folgenden Fragen zu beantworten sind:

1. Gibt es ökonomische Gesetzmäßigkeiten, die invariabel in der Zeit, also z.B. über Jahrhunderte gelten?

2. Sind diese Gesetzmäßigkeiten quantitativer oder qualitativer Art?

3. Ist das Auftauchen solcher Gesetzmäßigkeiten von bestimmten Bedingungen, und von welchen abhängig?

4. Lassen sich diese Gesetzmäßigkeiten mit heutigen Begriffen erfassen?

In der Folge soll diesen Fragen an Hand von bestimmten ökonomischen Gegebenheiten nachgegangen werden.

2 Zwei Arten von Währungssubstitution

2.1 Aristophanes und das Greshamsche Gesetz

Beeindruckend sind Beschreibungen ökonomischer Tatbestände durch ökonomische Laien wie Dichter und Schriftsteller, die nichts oder wenig von den entsprechenden Beziehungen verstehen. Natürlich gibt es auch solche, für die das nicht zutrifft, wie Goethe in Faust 2 mit seiner Darstellung einer Papiergeldinflation beweist. Eine erste interessante Beschreibung eines solchen ökonomischen Tatbestands finden wir in den Fröschen des attischen Komödiendichters Aristophanes, die erstmals im Jahre 405 v. Chr., kurz vor der endgültigen Niederlage Athens im Peloponnesischen Krieg gegen Sparta aufgeführt wurde:

„Erzählen will ich euch mein Urteil von der Art und Weise

Wie diese Stadt die besten ihrer Männer heut behandelt:

Durch einen Zufall, trauriger als lustig,

Ist es die gleiche Art, in der wir unser Geld behandeln

Die edle Silberdrachme, auf die wir einstmals doch so stolz,

Wie auch die goldenen Münzen, die wir jüngst besaßen,

Mit gutem Klang, sauber geprägt, geschätzt in aller Welt,

Sie haben aufgehört zu zirkulieren.

Stattdessen sind die Beutel der athenschen Käufer

Gefüllt mit silberbezogenen Kupfermünzen.

Genau so, wenn (immer) Männer dieses Land gebraucht,

Stellt sich's heraus, die besten sind nicht mehr im Umlauf."

(Aristophanes, Die Frösche, II 6)

Es ist ein Glücksfall für uns, dass Aristophanes an dieser Stelle den Niedergang der athenischen Demokratie, repräsentiert durch seine politischen Führer, mit der Verdrängung des guten Silbergeldes der Vorkriegszeit durch die schlechten Kupfermünzen vergleicht. Hier liegt also ein erster Beleg für die Wirksamkeit des Greshamschen Gesetzes, d.h. „Schlechtes Geld verdrängt gutes" vor und das, obwohl seit der Erfindung der Münzen im Westen durch die Lyder, von der Herodot berichtet (Historien, I 94), erst etwa 230 Jahre vergangen waren. In China wurden sie übrigens etwa um die gleiche Zeit erfunden.

Ich komme gleich auf das Greshamsche Gesetz zurück. Die zitierte Stelle weist jedoch noch eine weitere bemerkenswerte Feststellung auf: Die attischen Münzen waren die besten, und hatten Geltung „Unter den Hellenen allen und im Ausland überall". Die silbernen Drachmen Athens wurden also als internationales Zahlungsmittel verwendet. Dafür gibt es zusätzliche Hinweise. So wurden sie im Gegensatz zu den Münzen anderer griechischer Städte nicht entsprechend der Entwicklung des künstlerischen Stils vom archaischen zum klassischen umgestaltet. Wie beim Dollar als internationaler Währung ließ man aus Vertrauensgründen die athenischen Münzen unverändert. Schließlich gibt es den bekannten Spruch „Eulen nach Athen tragen". Das hatte nichts mit der Häufigkeit dieser der Göttin Athena heiligen Vögeln zu tun. Vielmehr stammte der Ausspruch von der weiten Verbreitung der Münzen, die ja auf einer Seite das Bildnis der Eule trugen (Wörterbuch der Antike, 1966).

Außerdem stellt sich die Frage, ob die Prägung unterwertiger Münzen während des Krieges nicht zu einem Preisanstieg geführt oder diesen beschleunigt haben könnte. Allerdings hätte dies nur nach Abschluss der Verdrängung des guten alten durch das schlechte neue Geld eintreten können, da während dieses Prozesses selbst die Geldmenge ja nicht (wesentlich) ansteigt. Mit diesem Zusammenhang kann vermutlich auch die von Historikern (Drexhage et al. 2002, 205 f.) festgestellte Tatsache erklärt werden, dass „die allmähliche Verschlechterung des Feinmetallgehaltes des Denars [im römischen Reich des dritten Jahrhunderts] über Jahrzehnte keine inflationären Folgen [hatte]." (205) Diese traten erst seit der zweiten Hälfte der 260er Jahre auf. (306)

Doch zurück zum Greshamschen Gesetz, das übrigens nicht zuerst von Sir Thomas Gresham (1519–1579) formuliert wurde. Eines steht fest: Die Tatsache, dass es schon vor 2400 Jahren wirksam war, spricht für die Möglichkeit, Gesetzmäßigkeiten zu finden und zu formulieren, die dauerhaft gültig sind. Auch führt sie zu Misstrauen gegenüber der These, dass man historische Perioden nur mit den von ihnen benutzten Begriffen und Vorstellungen beschreiben sollte. In diesem Falle wäre man ja nicht in der Lage, die tieferen Zusammenhänge für das von Aristophanes beschriebene Phänomen zu verstehen. Allerdings können wir von einer Gesetzmäßigkeit nur dann sprechen, wenn die entsprechenden Vorgänge wesentlich häufiger als einmal auftreten, und wir angeben können, unter welchen Bedingungen sie auftreten können oder werden und unter welchen Gegebenheiten nicht.

Zunächst lässt sich feststellen, dass Vorgänge wie die von Aristophanes beobachteten häufig vorgekommen sind. So können wir bei Michael Rostovtzeff (1930) in seinem Werk über die Gesellschaft und Wirtschaft des Römischen Kaiserreichs im 3. Jahrhundert lesen:

„Zur Zeit des [römischen Kaisers] Septimius Severus, etwa 209/11 n. Chr., beschloß die Stadt Mylasa in Karien, die Bankiers, ihre eigenen Konzessionäre, gegen den heimlichen Wechselbetrieb zu schützen, . . . Der Schluß der Urkunde zeigt, daß es nicht nur die Schmälerung der städtischen Einkünfte war, die den Rat der Stadt veranlaßte, so scharfe Maßnahmen zu ergreifen. ,In der Tat' heißt es da, ,ist das Wohl der ganzen Stadt durch die Schlechtigkeit und Tücke einiger weniger, die sich übel an ihr vergehen und die Allgemeinheit berauben, schwer erschüttert. Durch sie hat die Wechselspekulation auf unserem Markte Eingang gefunden, die die Stadt hindert, sich mit dem Notwendigen zu versehen, da die meisten Bürger und die Gemeinde Mangel leiden. . . . ' Wie wir sehen, beschränkte sich der Unfug nicht auf die Verletzung des Monopols. Eine wilde Spekulation war im Gange, die wahrscheinlich darin bestand, daß Profitjäger gutes Silbergeld hamsterten, das sie durch Zahlung eines ansehnlichen Aufgeldes erwarben. Das besagt die succlamatio [Aufruf] der Ratsmitglieder, die dem Dekret angefügt ist." (180)

Offenbar hielten sich also die Wechsler nicht an den vom Staat vorgeschriebenen Wechselkurs von 1:1 zwischen dem neuen schlechten und dem guten alten Geld und boten einen Aufschlag für das alte Silbergeld. Ein weiteres Beispiel erwähnt ebenfalls Rostovtzeff:

„Ungefähr ein halbes Jahrhundert später (im Jahre 260 n. Chr) . . . führte in Oxyrhynchus [in Ägypten] furchtbare Geldentwertung zu einem regelrechten Streik der Wechselbanken. Sie schlossen ihre Tore und weigerten sich, die kaiserliche Währung anzunehmen und zu wechseln. Die Verwaltung schritt zu Zwangsmaßnahmen und Drohungen. Der Stratege erließ eine Verfügung an die Bankiers und die anderen Geldwechsler. Solche Beunruhigungen waren offenbar nichts Neues, denn der Stratege verweist auf 'Strafen, die ihnen früher von seiner Hoheit dem Präfekten auferlegt worden sind'. Beachtenswert ist, daß in mehreren Verträgen aus derselben Zeit als Zahlungsmittel nicht die in Kurs befindlichen kaiserlichen Billonprägungen, sondern das alte ptolemäische Silber genannt ist, das wahrscheinlich massenhaft überall in Ägypten verborgen gehalten wurde. Wenn die Handelsbeziehungen zwischen Indien und dem römischen Reiche [im 3. Jh. n. Chr.], besonders Ägypten, fast völlig stockten, so weist das in die gleiche Richtung; aller Wahrscheinlichkeit nach ist es zum großen Teil auf die Geldentwertung und auf die Verkümmerung des Unternehmungsgeistes seitens der Geschäftswelt zurückzuführen. Es sind tatsächlich keine Münzen aus dem dritten Jahrhundert in Indien gefunden worden. Die geschäftlichen Beziehungen wurden erst wieder aufgenommen, als in byzantinischer Zeit die Ordnung hergestellt und eine feste Goldwährung wieder eingeführt worden war." (180)

Auffällig ist, dass sich Rostovtzeff in seiner Deutung der Ursachen der Ausfuhr von Münzen etwas unentschieden ausdrückt. Eine gute Theorie zeichnet sich dadurch aus, dass sie möglichst viele verschiedene Phänomene mittels möglichst weniger Annahmen erklären kann. Und hier kann die ökonomische Theorie der Geschichtsforschung helfen, von der sie ihrerseits auf solche Phänomene aufmerksam gemacht wird. In unserem Fall denke ich an den monetären Ansatz der Zahlungsbilanztheorie, dessen Anfänge bereits auf den ‚price-specie-flowmechanism' von David Hume zurückgehen. Nach wie vor sind in der historischen Literatur die Gründe für die Ausfuhr von römischen Münzen, besonders von Gold- und Silbermünzen nach Indien, heftig umstritten (Howgego 2000, 118–121). Unter anderem wird die Bezahlung von Söldnern und der Handel als Ursache angeführt. Jedoch wird regelmäßig vergessen, dass es nur bei einem Zahlungsbilanzdefizit zu einem Abfluss von Münzen kommen kann. Da für das Altertum von internationalen Kapitalbewegungen, d.h. von Krediten an Ausländer abgesehen werden kann, ist dabei ein Zahlungsbilanzdefizit einem Leistungsbilanzdefizit gleichzusetzen. Es ergibt sich daher für die Zahlungsbilanz: X-M-dM=0, wobei M und X den Wert der Importe bzw. Exporte und dM die Änderung der heimischen Geldmenge durch Import (dM>0) bzw. Export von Münzen (dM<0), bedeuten.

Wird nun angenommen, dass der Bestand von Gold- und Silbermünzen durch Bergbau und Prägung im Inland erhöht wird, ohne dass dort eine zusätzliche Nachfrage nach diesen Edelmetallen für andere Zwecke besteht, so werden die überflüssigen Münzen ausgeführt, so dass in der Gleichung dM<0. Daraus ergibt sich jedoch M>X. Bei stabiler inländischer Währung kann die Ausfuhr von Münzen auf diese Weise erklärt werden.

Anders liegen die Dinge, wenn schlechtere Münzen geprägt werden und nach dem Gresham'schen Gesetz die guten verdrängen. Wohin werden diese verdrängt? Sicherlich unter anderem ins Ausland. Die inländische Geldmenge steigt ja durch die schlechteren Münzen, während das inländische Publikum keine größere Geldmenge halten will. Also ist wieder dM<0, wobei das Ausland nur die guten Münzen akzeptiert. Ganz entsprechend weist Howgego (2000, 130f.) darauf hin, dass jeweils nach Münzverschlechterungen unter den römischen Kaisern Trajan und Septimius Severus im 2. und Anfang des 3. Jahrhunderts vollwertige Münzen exportiert wurden. Dieser Prozess muss jedoch enden, wenn die guten Münzen völlig verschwunden sind. Damit kann auch das von Rostovtzeff erwähnte Fehlen von römischen Münzen aus dem dritten Jahrhundert in Indien erklärt werden.

Wenden wir uns nun dem 18. Jahrhundert zu. Da berichtet Benjamin Franklin (Works, 72) in seiner Autobiographie, dass er, als er in den 1730er Jahren erstmals von Philadelphia in seine Heimatstadt Boston zurückkehrte, wo er als Jugendlicher von zu Hause ausgerissen war:

„I produced a handful of silver (coins), and spread it before them, which was a kind of raree-show they had not been us'd to, paper being the money of Boston."

Franklin kehrte also nach Boston zurück, als das Papiergeld das Silber schon völlig verdrängt hatte. Tatsächlich hatte Massachusetts ab 1690 mit der Ausgabe von Credit Bills begonnen, um sein Budgetdefizit zu decken. Der Historiker Brock (1975, 29f.) schildert die Entwicklung wie folgt:

„Before 1710 the sums outstanding in bills were small relatively to the amount of silver in circulation. In 1709 there was perhaps as much silver in circulation as there were bills. . . . After 1710, however, the situation changed. Bills were emitted in larger quantities. Moreover, silver left the colony at a more rapid rate, for these years during which the balance of trade with England was extremely unfavourable. . . . The result was, that as the demand for silver for making payments abroad grew, and as the supply of the metal within this colony dwindled . . . those that needed it to make remittances to Britain began to bid one against the other for it, and its price rose. The existence of a stock of silver in a colony served to retard the rise of the price of the metal. . . . As soon as the stock was exhausted, the rise became more rapid."

Auch hier sehen wir also den Abfluss der Silbermünzen als Folge der Wirksamkeit des Gresham'schen Gesetzes. In Tabelle 1 sind einige weitere der vielen entsprechenden historischen Begebenheiten angegeben.

Tabelle 1 Einige historische Fälle von Ereignissen gemäß dem Greshamschen Gesetz

Land	Periode	Währung	Vertrieben von
Kastilien	1600–85	Silbermünzen	Vellon (Kupfermünzen)
Frankreich	1716–20	Silber- und Goldmünzen	Papiergeld
Schweden	1740–63	Kupfermünzen & Silberdaler	Papiergeld
Österreich	1790–1811	Silbermünzen	Papiergeld (Bankozettel)
Frankreich	1848–78	Doppelwährung, Gold- und Silbermünzen	Mal Silber durch Gold (so zuletzt), mal umgekehrt
Peru	1870 ff.	Silbermünzen & bei Banken Goldreserven	Papiergeld

2.2   Das Thiers'sche Gesetz

Ist das Greshamsche Gesetz immer gültig oder müssen dafür bestimmte Bedingungen erfüllt sein? Mit dieser Frage betreten wir das Gebiet der Theoriebildung, die jedoch nur unter Berücksichtigung zusätzlicher Tatsachen erfolgen kann.

Eine brauchbare Theorie kann uns helfen zu verstehen, warum solche Ereignisse eingetreten sind oder nicht. Klar ist zunächst, dass die vom Gesetz beschriebenen Tatbestände ohne die Existenz von zwei verschiedenen Geldarten nicht auftreten können. Aber reicht das? Offensichtlich nicht. So beschreibt Adolph Thiers, der französische Historiker und späterer Präsident der französischen Republik, folgende Begebenheiten am Ende der ersten Hyperinflation der Geschichte während der großen französischen Revolution von 1789–1796:

"In all the markets nothing was to be seen but gold and silver [instead of the paper money], and the wages of the lower classes were paid in no other medium. One would have imagined that there was no paper in France. The mandats [the paper money which had replaced the assignats at the rate of 1:30 in a failed currency reform] were in the hands of speculators only . . . specie, which was supposed to be hoarded or carried abroad, found its way into circulation. That which had been hidden came forth; that which had quitted France returned. The southern provinces were full of piasters, which came from Spain . . . " (Louis A. Thiers, 1840, p. 111)

In diesem Fall vertrieb also offenbar nicht das schlechte das gute, sondern umgekehrt das gute das schlechte Geld, das heißt die vollwertigen Münzen das Papiergeld, die mandats und vorher schon die assignats. Und dieser Prozess endete erst, nachdem das schlechte Geld völlig aus der Zirkulation verschwunden war. Auch lehrt uns die Geschichte, dass dieser Fall nicht einmalig war. Vielmehr habe ich wenigstens fünf historische Fälle gefunden, in denen eine vollständige Verdrängung des schlechten Geldes stattfand (Tabelle 2). Die damit gegebene Gesetzmäßigkeit ist als anti-Greshamsches Gesetz bezeichnet worden (Neumann 1992). Ich möchte vorschlagen, es Thiers'sches Gesetz zu nennen, da Thiers diese Vorgänge erstmals ausführlich beschrieben hat. Die angeführten historischen Fälle legen die Frage nahe, ob der beschriebene Vorgang nicht auch bei anderen Begebenheiten aufgetreten ist, ohne dass es zu einer vollständigen Verdrängung des guten Geldes kam. Und tatsächlich lässt sich eine Verdrängung des schlechten durch besseres Geld in allen Hochinflationen beobachten. So führt etwa der deutsche Wirtschaftshistoriker Holtfrerich in seiner eingehenden Studie der deutschen Hyperinflation (1980, 310) der 1920er Jahre aus:

„Insgesamt befand sich daher ein Betrag von ca. 1.1 Mrd. Goldmark an wertbeständigem Geld vor der Einführung der Rentenmark am 15. November 1923 in Umlauf. Rechnet man die .... erwähnten 2–3 Mrd. Goldmark von in Deutschland umlaufenden Banknoten anderer Länder mit stabiler Währung hinzu sowie die ebenfalls als Zahlungsmittel benutzten wertbeständigen Anleihen (auf der Basis von Roggen-, Kohle- oder Kalimengen u.ä.) privater Emittenten, so kommt man auf einen Umlauf an wertbeständigem Papiergeld von über 4 Mrd. Goldmark vor Beginn der eigentlichen Stabilisierung . . . Diese Summe reichte fast an den Betrag des . . . [1914] umlaufenden Bargeldes, nämlich rd. 6 Mrd. Goldmark, heran und stellte die Summe des . . . (seit Juni 1923) umlaufenden [inflationierenden] Papiergeldes . . . mit einer Schwankungsbreite zwischen rd. 80 und 800 Mio. Goldmark weit in den Schatten."

Holtfrerich betont ferner (1980, 310):

„Dieses Zahlenverhältnis lässt deutlich werden, dass die Stabilisierung der Währung als Notwendigkeit stärker aus der Krise des Staates in Deutschland als aus der Krise der Wirtschaft folgte. Die Wirtschaft war weitgehend auf einen ausländischen Währungsstandard übergegangen, mit dem sie hätte . . . wirtschaften können. . . . Die Krise entstand daraus, dass das Reich die von der Wirtschaft gewünschte Benutzung ausländischer Zahlungsmittel im inländischen Verkehr aus Gründen der Selbstbehauptung nicht zulassen wollte und konnte, insbesondere solange die Inflation als Steuerquelle notwendig war."

Tabelle 2 Fortgeschrittene Inflationen, die in der völligen natürlichen Substitution von schlechtem durch gutes Geld endeten

Land	Periode	Vorausgegangene fehlgeschlagene Währungsreform[1]	Art des guten Geldes	Quelle
Ming China	1375–1448		Silberbarren, Kupfermünzen (begrenzt)	Bernholz (2003)
USA	1776–81	März 1780: Neue Dollarnoten 1:20	Vollwertige Münzen und Papiergeld der Staaten	Phillipps (1972, 170 sq) Bezanson (1951, 325 sq)
Frankreich	1789–97	Februar 1796: Mandats territoriaux 1:30	Gold- und Silbermünzen	Thiers (1840)
Peru	1875–87	September 1880:[2] Incas 1:8	Silbermünzen	Garland (1908, 58 sq)
Mexico	1913–17	June 1916: „Nicht fälschbare Währung" 10:1	Gold- und Silbermünzen	Banyai (1976, 73 sq) Kemmerer (1940, 114–15)

[1] Unter einer Währungsreform wird eine Änderung der Währungsordnung mit der Absicht verstanden, ein neues stabiles Geld einzuführen. Die bloße Entfernung von Nullen oder die Einführung von neu bezeichneten Banknoten wird nicht als Währungsreform angesehen.

[2] Nach dem Bericht Garlands ist es zweifelhaft, ob eine Währungsreform ernsthaft beabsichtigt wurde.

Mit anderen Worten, der Staat hatte nur die Wahl zwischen einer vollständigen Verdrängung seiner Währung durch Währungssubstitution oder die Stabilisierung des eigenen Geldes und die Beendigung der Inflation. In beiden Fällen hatte aber die Inflationsfinanzierung des Budgetdefizits ein Ende. Im zuerst genannten verlor der Staat zusätzlich seine Währungshoheit und musste die ausländischen Währungen als gesetzliches Zahlungsmittel legalisieren, da er andernfalls keine Steuereinnahmen mehr gehabt hätte.

Was aber unterscheidet nun die beiden Kategorien von Ereignissen des Greshamschen und des Thiers'schen Gesetzes? Oder anders ausgedrückt, wie unterscheiden sich die Bedingungen für ihr Auftreten? Zunächst handelt es sich in beiden Fällen um eine Währungssubstitution. Und beide kommen durch eine Erhöhung des Angebots des „schlechten" Geldes zustande. Die Bedingungen für das Auftreten des Greshamschen Gesetzes sind inzwischen auch formal erfasst worden (vgl. Bernholz und Gersbach 1992).

Ferner steht fest, dass die Vorgänge des Greshamschen Gesetzes vermieden werden können, wenn rechtzeitig die Paritäten angepasst werden. So wurde auf Vorschlag von Isaac Newton Anfang des 18. Jahrhunderts in England der Wechselkurs des Goldes in Silbereinheiten herabgesetzt, um die Verdrängung des Silbers zu verhindern. Allerdings war sein Vorschlag unzureichend, so dass sich England bald einer reinen Goldwährung „erfreute". Oder die Behörden hoben wie im Frankreich des 19. Jahrhundert das Recht, Silber zur Parität münzen zu lassen, auf. Es resultierte dann die sogenannte hinkende Doppelwährung.

Halten wir unsere bisherigen Ergebnisse fest:

1. Die Ereignisse, die vom Greshamschen bzw. Thiers'schen Gesetz beschrieben werden, sind seit Jahrhunderten beobachtet worden.

2. Beide Gesetze beruhen auf Währungssubstitution. Während jedoch beim einen Gesetz das schlechte das gute Geld verdrängt, ist es beim anderen umgekehrt.

3. Die Ereignisse des Greshamschen Gesetzes können nur auftreten, wenn ein fester Wechselkurs zwischen zwei Geldarten besteht.

4. Die Aussage, dass sich keine allgemeinen Gesetzmäßigkeiten für historische Tatbestände finden lassen, ist für die beschriebenen monetären Zusammenhänge falsch. Gleiches gilt für die These, dass man historische Vorgänge nur mit den Vorstellungen und Begriffen der entsprechenden Periode beschreiben sollte. Weder war das Greshamsche Gesetz den Zeitgenossen von Aristophanes, noch das Thiers'sche den für die Geldpolitik während der französischen Revolution Verantwortlichen bekannt. Ohne auf spätere Theorien zurück zu greifen, könnte man die beschriebenen Vorgänge gar nicht verstehen.

5. Historische Beobachtungen ermöglichen es, Theorien zu entwickeln, die bisher nicht in Zusammenhang gebrachte Phänomene erklären können, und die damit die historische Forschung erleichtern.

6. Schließlich muss die Aussage relativiert werden, dass alle historischen Vorgänge einmalig sind, da das zumindest für wesentliche Aspekte nicht gilt.

Trotzdem sind wir keineswegs am Ende unserer Überlegungen angelangt. Denn wir haben noch zu fragen, ob denn das Thiers'sche Gesetz immer dann gilt, wenn sich Angebot oder Nachfrage für eine Geldart ändert, sofern kein fester Wechselkurs zwischen zwei Geldarten besteht. Schon die tägliche Beobachtung lehrt uns, dass diese Hypothese zurückgewiesen werden muss. Weder hat die Deutsche Mark 1973–1982 z.B. die italienische Lira, bei einem durchschnittlichen jährlichen Unterschied der prozentualen Inflationsraten von 10,985%, noch der Schweizer Franken seit 1973 den Dollar aus entsprechenden Gründen verdrängt, obwohl zwischen ihnen flexible Wechselkurse herrschten. Wann gilt dann aber das Thiers'sche Gesetz? Wieder hilft uns die Geschichte, einer Antwort näher zu kommen.

3   Ernest Hemingway, Stefan Zweig und die Unterbewertung von Währungen

„Schließlich wurde . . . eine Grenzbewachung eingesetzt um zu verhindern, dass alle Bedarfsgegenstände statt in den heimischen Läden in dem benachbarten Salzburg gekauft wurden, . . . und energisch wurde am Zollamt jede aus Österreich stammende Ware konfisziert. Aber ein Artikel blieb frei, den man nicht konfiszieren konnte: das Bier, das einer im Leibe hatte. Und die biertrinkenden Bayern rechneten es sich am Kurszettel von Tag zu Tag aus, ob sie im Salzburgischen infolge der Entwertung der Krone fünf oder sechs oder zehn Liter Bier für denselben Preis trinken konnten . . . und so zogen mit Weibern und Kindern Scharen aus dem nachbarlichen Freilassing und Reichenhall herüber, um sich den Luxus zu leisten, so viel Bier in sich hineinzuschwemmen, als der Bauch nur fassen konnte. Jeden Abend zeigte der Bahnhof ein wahres Pandämonium betrunkener, grölender, rülpsender, speiender Menschenhorden; . . . Freilich, sie ahnten nicht, die fröhlichen Bayern, daß ihnen eine fürchterliche Revanche bevorstand. Denn als die Krone sich stabilisierte und dagegen die Mark in astronomischen Proportionen niederstürzte, fuhren vom selben Bahnhof die Österreicher hinüber, um ihrerseits sich billig zu betrinken, und das gleiche Schauspiel begann zum zweitenmal, allerdings in der entgegengesetzten Richtung." (Stefan Zweig 1944, 336 f.).

„There were no marks to be had in Strasbourg . . . so we changed some French money in the railway station at Kehl. For 10 francs I received 670 marks. Ten francs amounted to about 90 cents in Canadian money. That 90 cents lasted Mrs. Hemingway and me for a heavy day of spending and at the end of the day we had 120 marks left!" (Ernest Hemingway 1921).

Hier haben wir es mit zwei bemerkenswerten Feststellungen für den Anfang der 1920er Jahre zu tun, die zeigen, dass in der Hyperinflation offenbar eine Unterbewertung der stärker inflationierenden Währung stattfand. Dabei bezeichne ich es als Unterbewertung, wenn die Beziehung $P<wP*$ bzw. für den realen Wechselkurs $P/(wP*)<1=100\%$ gilt, wobei w den Wechselkurs und P ($P*$) das inländische (ausländische) Preisniveau bezeichnet. Diese Vermutung wird durch die Beobachtung Zweigs gestützt, dass sich, „als die Krone sich stabilisierte und dagegen die Mark in astronomische Proportionen niederstürzte", die Verhältnisse umkehrten, weil nunmehr im Gegensatz zu vorher die Mark sich stärker entwertete, die deutsche Inflation dramatisch höher als die österreichische wurde.

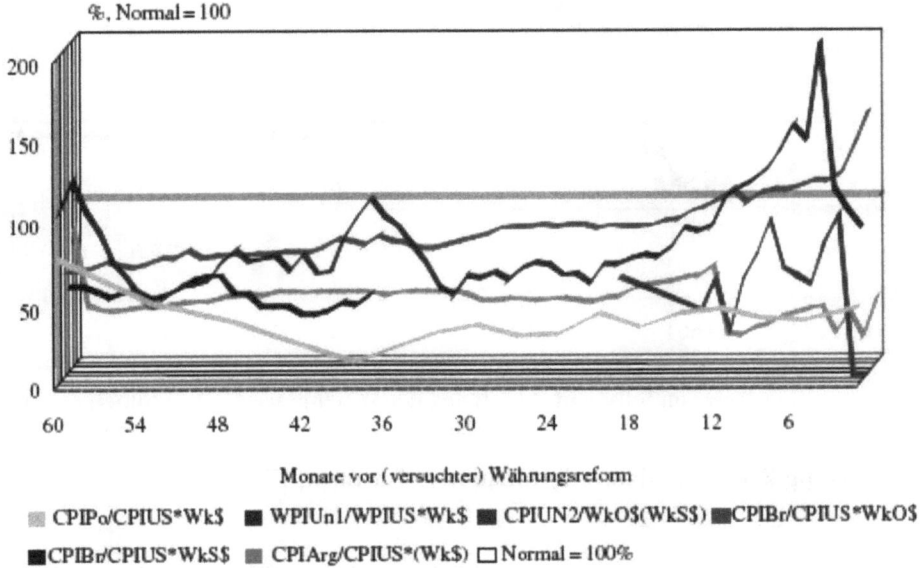

%, Normal = 100

Monate vor (versuchter) Währungsreform

CPIPo/CPIUS*Wk$ WPIUn1/WPIUS*Wk$ CPIUN2/WkO$(WkS$)   CPIBr/CPIUS*WkO$

CPIBr/CPIUS*WkS$ CPIArg/CPIUS*(Wk$)   □ Normal = 100%

Abbildung 1 Realer Wechselkurs während Hyperinflation: Polen, Ungarn 1&2, Brasilien, Argentinien

Eine Untersuchung, die ich für alle 29 bisher erfolgten Hyperinflationen durchgeführt habe, bestätigt diese Beobachtungen. Cagan (1956) hat bekanntlich definiert, dass eine Hyperinflation mit dem Monat beginnt, in dem die monatliche Inflationsrate erstmals 50% oder mehr erreicht, und dass sie ein Jahr nach dem Monat endet, in dem dies letztmals der Fall war. Stellt man nun alle Monate zusammen, in denen in diesen 29 historischen Fällen Hyperinflation herrschte, so ergibt sich, dass in den weitaus meisten Monaten eine Unterbewertung der stärker inflationierenden Währung bestand (Abbildung 1). Unterstellt man als Nullhypothese, dass eine Überbewertung gleich wahrscheinlich ist wie eine Unterbewertung, so wird diese dramatisch widerlegt, da die Wahrscheinlichkeit dafür kleiner als $9.4*10^{-6}$ ist. Bei den Ausnahmen liegt außerdem durchweg entweder eine Isolation vom Ausland durch Kriege oder der zeitweilige Versuch vor, die Wechselkurse mit Hilfe von Devisenzwangswirtschaft und multiplen Wechselkursen stabil zu halten.

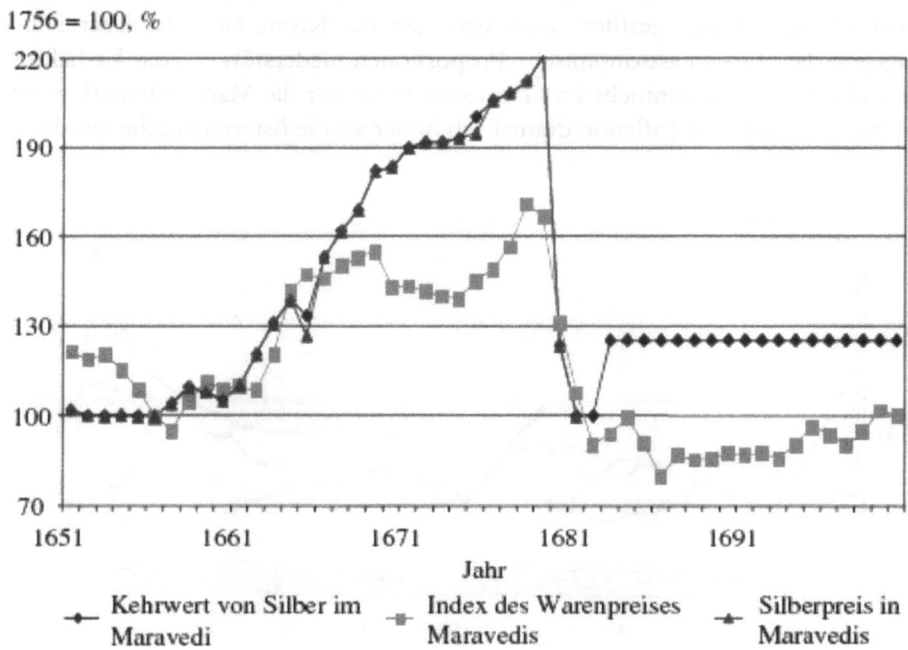

Abbildung 2 Vellon (Maravedi) Inflation in Kastilien, 1751–80

Eine Unterbewertung einer stärker als eine andere inflationierenden Währung lässt sich auch bei moderaten Inflationen feststellen (Bernholz 1982). Dazu scheint diese Tendenz historisch sehr stabil zu sein, wie schon ein Blick auf die kastilische Vellon Inflation des 17. Jahrhunderts lehrt (Abbildung 2). Sie wurde erstmals von dem Baltendeutschen Freiherr von Storch (1823), also 140 Jahre früher als in dem kreativen, allerdings für die Beschreibung der Realität nur begrenzt tauglichen (vgl. Bernholz, Gärtner und Heri 1986) Modell von Dornbusch (1976) und seiner Nachfolger beschrieben. Soweit ich die inzwischen nicht mehr überblickbare Publikationsflut übersehe, fällt jedoch bei diesen Modellen auf, dass die Währungssubstitution in ihnen wenigstens insofern keinen Eingang findet, als das stabile Geld darin gar nicht oder bestenfalls nur im Heimatland vorkommt (Siehe die Übersicht bei MacDonald 2000).

Bestenfalls wird unterstellt, dass die reale Geldnachfrage für das heimische Geld von der erwarteten Wechselkursänderung abhängt (Guillaumont, Jeanneney and Roumégous). Eine andere Gruppe von Modellen berücksichtigt zur Erklärung der Währungssubstitution zwar das im Inland zirkulierende ausländische Geld, erklärt aber nicht die daraus folgende Entwicklung des Wechselkurses. Solche Modelle zur Erklärung der Währungssubstitution verwenden die erwartete Änderung des Wechselkurses nur als unabhängige exogene Variable (Marquez 1992, Mizen und Pentecost 1996). Ich habe daher ein simples Modell vorgeschlagen, dass von der Frage ausgeht, unter welcher Bedingung Wirtschaftssubjekte bereit sein können, neben einem stabilen ein inflationierendes Geld zu halten und welch ein Gleichgewicht sich aus den daraus resultierenden Umschichtungen für den Wechselkurs ergeben würde (Bernholz 2003, 90–92; siehe unten).

4   Inflation, Thiers'sches Gesetz und Unterbewertung

Wir sahen, dass das Thiers'sche Gesetz nur bei flexiblen Wechselkursen auftritt und dass es ebenso wie die Unterbewertung der Inflationswährungen jedenfalls in Hoch- und Hyperinflationen wirksam ist. Es stellt sich daher die Frage, ob diese verschiedenen Phänomene nicht durch eine erweiterte Theorie gemeinsam erklärt werden können. Sollte da kein Zusammenhang bestehen? Ein solcher lässt sich ohne weiteres vermuten. Denn zunächst wird bei anfänglichem Überangebot des schlechten Geldes, zum Beispiel von Banknoten bei noch festen Wechselkursen wegen der Gültigkeit des Greshamschen Gesetzes das gute Geld durch das schlechte, z.B. durch unterwertige Münzen oder Papiergeld verdrängt. Sobald das geschehen ist, lässt sich bei weiterer Erhöhung des Geldangebots der feste Wechselkurs nicht mehr halten. Wird die Inflation groß genug, so suchen die Wirtschaftssubjekte das schlechte Geld teilweise durch gutes, das heißt durch vollwertige Münzen oder stabiles ausländisches Geld, also Devisen zu substituieren. Dieses können sie jedoch außer aus Horten nur aus dem Ausland gegen die Lieferung von Gütern erhalten. Denn Ausländer werden nur höchst begrenzt bereit sein, das sich stark entwertende Geld zu akzeptieren. Dadurch kommt es zu einem starken Ansteigen des Wechselkurses als dem Preis für ausländisches Geld, das heißt für Devisen oder vollwertige Münzen. Man macht sich diese Zusammenhänge am besten mit Hilfe des erwähnten simplen Modells klar.

Wir bezeichnen mit r den realen Zinssatz, mit $q=1+r$ den Zinsfaktor, mit π die Inflationsrate, mit $(1+\pi)$ den „Inflationsfaktor", mit v den Wert einer Geldeinheit ohne und mit V den einer Geldeinheit mit Inflation. w sei der Wechselkurs und $t=1,2,3,\ldots n$ die Zeit.

Nun wird der Gegenwartswert einer Geldeinheit bestimmt durch den diskontierten Wert ihres Gebrauchs bei der nächsten Zahlung, zu der sie benutzt wird und ihren diskontierten Wert, den sie für den nächsten Erwerber besitzt, der sie dabei erhält. Dabei gehe ich der Einfachheit halber davon aus, dass die Geldeinheit von ihrem jeweiligen Besitzer immer nur eine Periode gehalten wird. Der erste dieser beiden Summanden entspricht dem diskontierten Wert des Zinses für eine Periode, da der Zins die Opportunitätskosten für die Haltung einer Geldeinheit darstellt. Es ergibt sich daher als Wert einer Geldeinheit am Anfang von Periode t $v(t,r) = r/q + v(t+1)/q$. r/q ist also der Gegenwartswert der Opportunitätskosten für das Halten einer Geldeinheit in der folgenden Periode. Indem nun die Werte von v für t+1, t+2, ... t+n-1 eingesetzt werden, erhält man

$$V(0,r) = r/q + r/q^2 + r/q3 + ... + r/q^n + v(n)/q^n \qquad (1)$$

Unter Verwendung der Formel für eine geometrische Reihe folgt aus (1), dass

$$V(0,r) \equiv v(r) = 1 - 1/q^n + v(n)/ q^n \qquad (2)$$

wobei t=0 den gegenwärtigen Zeitpunkt bezeichnet. Für ein genügend großes n können wir den letzten Summanden gleich null setzen. Schon für n=194 erhalten wir dann

$$r := 0{:}04 \quad q := 1+r \quad n := 194$$

$$v(r) := 1 - 1/ q^n \qquad (3)$$

$$v(r) = 1$$

Bereits bei n=100 würde sich $v(r)=0.98$ ergeben. Das bedeutet, dass für einen genügend langen zeitlichen Horizont der Wert einer Geldeinheit ohne Inflation gleich eins ist, wie wir es erwarten würden.

Als nächstes wenden wir uns nun einer Währung zu, für die eine Inflation erwartet wird. In diesem Fall muss der durch die Opportunitätskosten r gemessene Nutzen, eine Geldeinheit am Ende der Periode verwenden zu können, nicht nur diskontiert werden. Vielmehr wird der erwartete Nutzen auch noch durch die Inflation vermindert. Beläuft sich die erwartete Inflationsrate während dieser Periode zum Beispiel auf π=200%=2, so wird der Wert einer Benutzung von einer Einheit des Geldes auf $r/(1+ \pi) = r/(1+2) = r/3$ reduziert, da seine Kaufkraft auf ein Drittel gefallen ist. In der nächsten Periode verliert er wiederum zwei Drittel seines Wertes, so dass der durch die Opportunitätskosten gemessene Nutzen auf $r/(1+ \pi)^2$ fällt, usw. Um den gesamten erwarteten Wert einer Geldeinheit bei einer konstanten erwarteten Inflationsrate zu erhalten, sind die entsprechenden Werte wie bei (1) und (2) zu diskontieren. Es ergibt sich daher unter Verwendung von $s = 1+ \pi$:

$$V(0,r ,\pi) = r/(qs) + r/(qs)^2 + r/(qs)^3 + ... + r/(qs)^n + V(n)/(qs)^n \qquad (4)$$

Unter Verwendung der Formel für die geometrische Reihe ergibt sich

$$V(0,r ,\pi) = V(r, \pi) = r(1-1/(qs)^n)/(qs-1) + V(n,r,\pi)/(qs)^n) \qquad (5)$$

Setzen wir n = 100, so ergibt sich als Gegenwartswert der inflationierenden Geldeinheit

$$r := 0.04 \quad q := 1+r \quad \pi := 0.1 \quad s := 1+ \pi \quad n := 100$$

$$V(r,\pi) := r \, [1-1/(qs)^n]/(qs-1) \qquad (6)$$

$$V(r,\pi) = 0.278$$

Der Wechselkurs w ist als das Verhältnis des Wertes einer ausländischen Geldeinheit in Einheiten des inländischen Geldes definiert. Betrug dieser ohne Inflation im Zeitpunkt null z.B. 4, so steigt er nun bei einer in diesem Zeitpunkt neu erwarteten Inflationsrate von 10% auf

$$w(r, \pi) = 4v(r)/V(r,\pi) \qquad (7)$$

und damit für n=100 auf

$$w(r, \pi) = 4*0.98/0.278 = 14.101 \qquad (8)$$

Und dies obwohl die für die erste Periode erwartete durchschnittliche Kaufkraftparität (4+4.4)/2= 4.2 wäre. Dies Ergebnis entspricht einem realen Wechselkurs P/(wP*)=0.298=29.8% und damit einer Unterbewertung von 70.2%.

Allerdings dürfte dieses simplistische Modell das Ausmaß der Unterbewertung erheblich überschätzen. Denn erstens werden durch die Unterbewertung die Exporte angeregt und die Importe entmutigt, was wiederum das Preisniveau im inflationierenden Land zu erhöhen und im stabilen Land zu senken tendiert. Diese Wirkungen werden ja auch in den Zitaten von Hemingway und Zweig erwähnt. Zweitens wirkt der Staat dieser Entwicklung regelmäßig durch Verbote und Strafen entgegen, etwa durch das Verbot des Gebrauchs von Gold oder Silbermünzen oder die Einführung einer Devisenzwangswirtschaft. Dies erhöht die ohnehin bestehenden Transaktionskosten für den Erwerb stabiler Währungen. Drittens verlangt der Staat regelmäßig bis gegen Ende der Hochinflation die Zahlung der Steuern und Abgaben in einheimischer Währung. Schließlich liegt ein Netzwerkeffekt vor, da der Gebrauch einer Geldart positive externe Effekte auf den Gebrauch durch andere Personen ausübt. Benutzen anfänglich fast alle Wirtschaftsubjekte das inflationierende Geld, so sind die Nachteile für einen Gebrauch einer anderen Währung hoch (für ein Modell vergleiche Uribe 1997). Um ein realistischeres Modell zu erhalten, müssten diese Faktoren berücksichtigt werden. Immerhin zeigt das betrachtete simple Modell deutlich, wie Inflation, Verdrängung des schlechten durch gutes Geld bei flexiblen Wechselkursen und Unterbewertung der inflationierenden Währung zusammenhängen.

Doch bei welchem Unterschied der Inflationsraten setzt die Verdrängung des schlechten Geldes bei flexiblen Wechselkursen ein? Wir wissen nun, dass Netzwerkeffekte und Transaktionskosten einschließlich staatlicher Gebote und Verbote die Ursache dafür sind, dass dieser Prozess bei geringen Inflationsunterschieden nicht einsetzt oder sehr bescheiden bleibt. Aber bis zu welcher Größe sind Inflationsunterschiede in diesem Zusammenhang gering? Hier scheinen viele historische Fälle zu verdeutlichen, dass es weder in der geschichtlichen

Entwicklung noch im Vergleich zwischen verschiedenen Ländern eine eindeutige Grenze gibt. Der Grund dafür ist in unterschiedlichen Netzwerkeffekten und Transaktionskosten zu suchen. Diese ändern sich nicht nur im Zeitablauf, sondern sind auch nach Größe der Länder, ihrer Entwicklungsstufe und der Effizienz von Staaten in der Art und der Durchsetzung von erlassenen Geboten und Verboten unterschiedlich. Genügend Fälle beweisen außerdem, dass zwei verschiedene Geldarten, wie z.B. Papiergeld und Silber- oder Goldmünzen mit flexiblem Wechselkurs zueinander Jahrzehnte nebeneinander umlaufen können. Früher sprach man in diesem Zusammenhang allerdings nicht von flexiblen Wechselkursen, sondern von einem Agio oder Disagio etwa des Gold- oder Silbergeldes gegenüber dem Papiergeld. Beispiele sind Russland und Österreich (- Ungarn) im 19. Jahrhundert, in denen auf Gulden bzw. Rubel lautendes Papiergeld neben den auf die gleichen Einheiten lautenden Silbermünzen zirkulierten.

Unter- und Überbewertungen von Währungen hängen nun offenbar noch von anderen Faktoren als von Inflationsunterschieden in den betroffenen Ländern ab. Abbildung 3 zeigt z.B., dass die mittel- bis langfristigen Schwankungen um die Kaufkraftparität zwischen DM bzw. Euro und Dollar selbst bei bescheidenen Inflationsunterschieden und ohne dass es zu einer Verdrängung des Dollars kam, beachtlich waren. Es ist daher von Interesse, an Hand von historischem Material zu überprüfen, ob auch in viel früheren Fällen moderater Inflation entsprechend starke Schwankungen stattfanden (Tabelle 3). Dies ist tatsächlich der Fall, wie insbesondere die Zahlen für die Unterbewertung zwischen 70 und 74 für Spanien, Schweden und Deutschland zeigen.

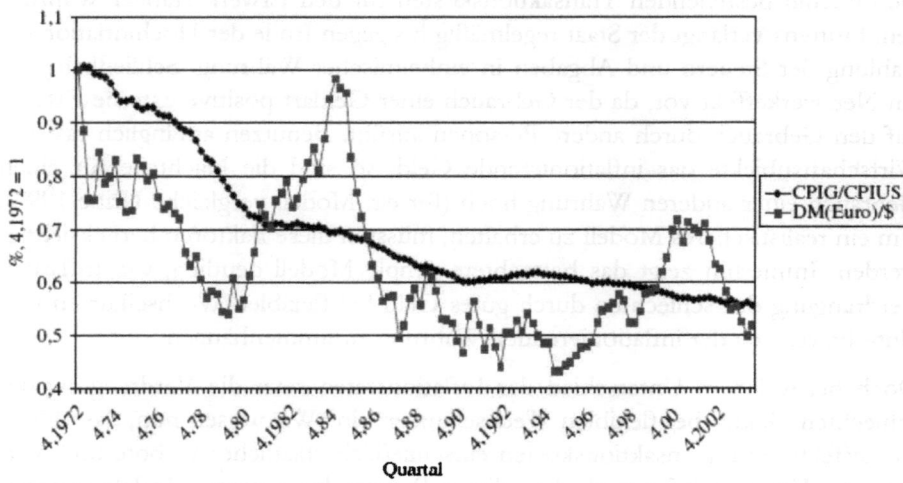

Abbildung 3 Kaufkraftparität und Wechselkurs DM(Euro)/$, 1972–2004 (2. Quartal) (Seit 1.1.1999 Euro and HVPI)

Tabelle 3 Historische Beispiele für maximale Unter- und Überbewertungen von Währungen

(Unterbewertung [Überbewertung]: P/EP* <100% [>100%])

Mittlere bzw. leichte Inflationsunterschiede

Land	Spanien	Schweden	Frankreich	Deutschland	Deutschland	Deutschland	Eurogebiet
Zeit	1675	1762	1925	IV, 1979	IV, 1984	I, 1995	IV, 2000
	72.27	73.31	48.73	145.89	70.68	130.6	79.43

Hyperinflationen

Land	Frankreich	Deutschland	Ungarn 2	Serbien	
Zeit	9/1795	2/1920	30.9.1945	4/1992	7/1993
	30.85	30.78	27.72	21.87	15.72

Nicht überraschend können wir bei Hyperinflationen viel stärkere Unterbewertungen beobachten, aber auch hier ergeben sich für die durch fast zwei Jahrhunderte getrennten Beispiele gleiche Größenordnungen. Der historische Vergleich zeigt also, dass starke Wechselkursschwankungen keine moderne Erscheinung sind. Das sollte zu denken geben und z.B. alle Hypothesen, die die starken Abweichungen auf Kapitalbewegungen zurückführen wollen, als zweifelhaft erscheinen lassen.

Die Schwankungen flexibler Wechselkurse bringen natürlich erhebliche Probleme mit sich, die wir heute aus den internationalen Wirtschaftsbeziehungen kennen (Abbildung 3). So führen sie zu dem immer wieder zu lösenden Problem, auf welche Währung Kontrakte mit späterer Zahlung lauten sollen und ob und wie man diese gegebenenfalls absichern soll. Diese Probleme verschärfen sich naturgemäß, wenn alle Bürger eines Währungsgebietes damit konfrontiert werden, weil zwei Währungen, die mit flexiblen Wechselkursen verbunden sind, wie im Russland des 19. Jahrhunderts Silber- und Papierrubel, innerhalb eines Landes umlaufen. Mögliche Auswege waren es, die Zahlung der geschuldeten Summe entweder je nach Lage in der einen oder der anderen Währung oder aber zu je einem Teil in beiden Währungen zu verlangen (v. Wistinghausen 1975, 36–41).

So erwarb Paul Adolf Gottlieb von Ungern-Sternberg am 29. Juni 1829 das Gut Forel in Estland als Pfandbesitz für 14.050 Silberrubel und für 34.155 Rubel Banco, d.h. Papierrubel (v. Ungern-Sternberg 2001, 38). Diese Maßnahmen wurden ergriffen, da, wie wir wissen, flexible Wechselkurse zu erheblichen Abweichungen um die Kaufkraftparität neigen. Dies wurde schon von Storch im Gegensatz zu Ricardo gesehen, der die Kaufkraftparitätentheorie wieder entdeckte, die schon die Schule von Salamanca im 16. Jahrhundert entwickelt hatte.

5   Schlussbemerkungen

Wir konnten uns überzeugen, dass ein Studium historischer Ereignisse wesentliche Anregungen zur Entdeckung, Weiterentwicklung und Revision ökonomischer Gesetzmäßigkeiten zu liefern vermag. So haben wir den Abfluss römischer Münzen ins Ausland bzw. sein Unterbleiben mit den Münzverschlechterungen und dem Greshamschen Gesetz in Verbindung bringen können. Gelernt haben wir, wie Währungssubstitution bei Inflation mit der zu beobachtenden Unterbewertung zusammenhängt. Deutlich wurde auch, dass die maximalen Abweichungen von der Kaufkraftparität bei flexiblen Wechselkursen schon im 17. und 18. Jahrhundert die gleichen Größenordnungen wie heute erreichten, was Zweifel an manchen modernen Erklärungsversuchen hervorruft, die der gewaltigen Zunahme der Kapitalbewegungen eine entscheidende Rolle für diese Abweichungen zuweisen. Offen ist aber nach wie vor die Formulierung einer besseren Theorie, die diese Zusammenhänge zusammen mit den Netzwerkeffekten und den Kosten der Währungssubstitution derart erklären kann, dass sie uns für ein Regime flexibler Wechselkurse genauere Anhaltspunkte vermittelt, bei welchen Inflationsunterschieden die Substitution schlechten Geldes durch gutes Geld einsetzt und welchen Umfang sie in Abhängigkeit davon erreicht. Bisher habe ich bloß eine grobe Faustregel gefunden, dass bei 50% monatlicher Inflation etwa zwei Drittel des Zahlungsmittelumlaufs auf stabiles Geld entfällt. Vermutlich würde uns auch hier für die Formulierung einer umfassenderen und realistischeren Theorie das Studium historischer Fälle weiterhelfen.

Umgekehrt lassen sich historische Entwicklungen oft nur mit Hilfe ökonomischer Gesetzmäßigkeiten erklären. Die Kenntnis dieser Gesetzmäßigkeiten ist außerdem hilfreich bei der Beantwortung der Frage, nach welchen historischen Daten der Forscher (auch) suchen sollte und wie das Datenmaterial zu interpretieren ist.

Es zeigte sich ferner, dass die beschriebenen Gesetzmäßigkeiten durch Jahrhunderte beobachtet werden konnten. Das gilt auch für andere Beobachtungen, wie den dramatischen Rückgang des realen Wertes des zirkulierenden, sich entwertenden Geldes bei hoher Inflation, der z.B. schon während der französischen Revolution, aber auch während der moderaten Papiergeldinflation in Schweden in der Mitte des 18. Jahrhunderts beobachtet werden konnte. Damit erscheinen aber auch alle Feststellungen als verfehlt, die die Möglichkeit einer Ableitung ökonomischer Gesetze wegen der Einmaligkeit historischer Ereignisse bestreiten. Ob und wann diese Gesetze allerdings anwendbar sind, muss stets im Sinne der Popperschen Methodologie durch die Analyse zusätzlichen historischen Materials geklärt werden. Denn Gesetze kann man bekanntlich nicht verifizieren, sondern nur falsifizieren.

Literatur

Banyai, R.A. (1976), Money and Finance in Mexico During the Constitutionalist Revolution, 1913–17. Taipei: Tai Wan Enterprises.

Bernholz, P. (1982), Flexible Exchange Rates in Historical Perspective. Princeton Studies in International Finance No. 49, July, International Finance Section, Dept. of Economics, Princeton University.

Bernholz, P. (2003), Monetary Regimes and Inflation. History, Economic and Political Relationships. Cheltenham, U.K.: Edward Elgar.

Bernholz, P. und Gersbach, H. (1992), Gresham's Law: Theory, in: P. Newman (Hrsg.), The New Palgrave Dictionary of Money and Finance. Vol. 2. London und Basingstoke: Macmillan, 286–288.

Bernholz, P., Gaertner, M. und Heri, E. (1985), Historical Experiences with Flexible Exchange Rates. Journal of International Economics 19, 21–45.

Bezanson, A. (1951), Prices and Inflation During the American Revolution, Pennsylvania, 1770–1790. Philadelphia: University of Pennsylvania Press.

Brock, L.U. (1975), The Currency of the American Colonies 1700–1764. New York: Arno Press.

Cagan, P. (1956), The Monetary Dynamics of Hyperinflation, in: M. Friedman (Hrsg.), Studies in the Quantity Theory of Money. Chicago: Chicago University Press.

Dornbusch, R. (1976), Expectations and Exchange Rate Dynamics, Journal of Political Economy 84, 1161–1176.

Drexhage, H.-J., Konen, H. und Ruffing, K. (2002), Die Wirtschaft des Römischen Reiches. Eine Einführung. Berlin: Akademie Verlag.

Garland, A. (1908), Estudio Sobre los Medios Circulantes en el Peru. Lima: Imprenta la Industria.

Guillaumont J., Sylviane und Roumégous, E. (2001), Exchange Rate Dynamics with Currency Substitution: The Case of Ghana, Paraguay and Uruguay. Internet.

Hemingway, E. (1922/23), Dispatches in Toronto Daily Star, abgedruckt in: W. White (Hrsg.) (1968), Byline. Ernest Hemingway. Selected Articles and Dispatches of Four Decades. London: Collins.

Holtfrerich, C.-L. (1980), Die Deutsche Inflation. Berlin und New York: Walter de Gruyter.

Howgego, C. (2000), Geld in der Antiken Welt. Was Münzen über Geschichte verraten. Darmstadt: Theiss. Englisches Original: Ancient History from Coins. London: Routledge 1995.

Kay, J. (2003), Challenging the Claims for the Role of Capital Markets, CESifo Forum, Vol. 4 (2), Summer, p. 18 (17–20).

Kemmerer, E.W. (1940), Inflation and Revolution. Princeton (N.J.): Princeton University Press.

Kindleberger, C. (1978), Maniacs, Panics and Crashes. Basic Books.

MacDonald, R. (2000), Concepts to Calculate Equilibrium Exchange Rates. Frankfurt:

Deutsche Bundesbank, Discussion Paper 3/00, July.

Marquez, J. (1992), Currency Substitution. The New Palgrave Dictionary of Money and Finance, Vol. 1, 565–567. London, New York: Macmillan.

Meyer, E. (1910), Geschichte des Altertums. Erster Band, erste Hälfte. 3. Auflage. Stuttgart, Berlin: J. G. Cotta'sche Buchhandlung Nachfolger.

Mizen, R. und Pentecost, E.J. (Hrsg.) (1996), The Macroeconomics of International Currencies: Theory, Policy and Evidence. Cheltenham, U.K.: Edward Elgar.

Neumann, M.J.M. (1992), Monetary Reform. The New Palgrave Dictionary of Money and Finance, Vol. 2. London, New York: Macmillan, 751–756.

Philipps, H. Jr. (1972), Continental Paper Money. Clifton: Angus M. Kelley. Erste Ausgabe 1865.

Rostovtzeff, M. (1930), Gesellschaft und Wirtschaft im römischen Kaiserreich.

Storch, H. (1923), Cours d'Economie Politique, 4 Bände, Paris: 1823.

Thiers, L.A. (1840), History of the French Revolution. Translated by F. Shoberl. 3 Bände. Philadelphia: Carey and Hart. Erste Ausgabe in Französisch 1925.

Ungern-Sternberg, J. v. (2001), Neue Nachrichten über das Geschlecht Ungern-Sternberg (1251–2001). Basel.

Uribe, M. (1997), Hyseresis in a Simple Model of Currency Substitution, Journal of Monetary Economics 40, 185–202.

Wistinghausen, H. v. (1975), Quellen zur Geschichte der Rittergüter Estlands im 18. und 19. Jahrhundert (1772–1889). Beiträge zur Baltischen Geschichte 3, Hannover-Döhren: Verlag H. v. Hirschheydt.

Zweig, S. (1944), Die Welt von Gestern. Stockholm: Bermann-Fischer.

Gesetzmäßigkeiten in der Geschichte?
Einige Geschichtsphilosophische Überlegungen
Korreferat zu Peter Bernholz

Andreas Klein[*]

In dem methodologischen Teil seines Aufsatzes erklärt Peter Bernholz: „Es gibt Historiker, die die Möglichkeit von generellen Theorien zur Erklärung von historischen Erscheinungen grundsätzlich für unmöglich halten. Denn sind nicht alle historischen Ereignisse einmalig in dem Sinne, dass sie sich nie so wiederholen?"[1] Er verweist auf den berühmten Althistoriker und Orientalisten Eduard Meyer und dessen entschiedene Ablehnung von „ewigen, ehernen Gesetzen."[2], der nur eines von zahllosen Beispielen ist, die sich anführen ließen. Weitere prominente Historiker wie z.B. Geoffrey R. Elton (1921-1994) gehen noch weiter und wollen am liebsten alle Verwendung sozialwissenschaftlicher Methodik in der Geschichtsforschung wie „quantification, model-building, anthropological analogies and all the rest" beenden: „*Requiescant, sed non in pace.*"[3]

Das Hauptargument gegen die Möglichkeit allgemeiner Gesetze in der Geschichte, von Bernholz kurz zusammengefasst, geht auf ein Konzept des neukantianischen Philosophen Wilhelm Windelband (1848-1915) zurück. Er wollte eine Systematik der Erfahrungswissenschaften erstellen, und teilte zu diesem Zweck die Wissenschaften in zwei Gruppen ein, nämlich Natur- und Geisteswissenschaften; die ersteren bezeichnete er als nomothetisch, die letzteren als idiographisch.

---

[*] Dr. Andreas Klein ist wissenschaftlicher Mitarbeiter am Lehrstuhl für die Geschichte der Frühen Neuzeit an der Albert-Ludwigs-Universität zu Freiburg im Breisgau. Seine Interessensschwerpunkte sind Mikropolitik, Historische Anthropologie und vergleichende Religionsgeschichte.

[1] Bernholz, S. 32.

[2] Ebd., S. 37.

[3] Elton, Geoffrey R.: Historians Against History, in: Ders. (Hg.): Studies in Tudor and Stuart Politics and Government, 4 Bde., Cambridge 1992; Bd. 4: Papers and Reviews 1983-1990, 286-292; hier S. 286.

Charakteristisch für die Naturwissenschaften ist laut ihm, „es sind immer Gesetze des Geschehens, welche sie suchen."[4] „Für den Naturforscher hat das einzelne gegebene Objekt seiner Beobachtung niemals als solches wissenschaftlichen Wert; es dient ihm nur soweit, als er sich für berechtigt halten darf, es als Typus, als Spezialfall eines Gattungsbegriffes zu betrachten und diesen daraus zu entwickeln;"[5] Er fährt dann mit heute leider kaum noch verwendetem Pathos fort: „Gleichgiltig (sic!) gegen das Vergängliche, wirft sie [die Naturwissenschaft] ihre Anker in das ewig sich selbst gleich Bleibende; nicht das Veränderliche als solches sucht sie, sondern die unveränderliche Form der Veränderung."[6]

Die Arbeit der Geisteswissenschaften hingegen sei „entschieden darauf gerichtet, ein einzelnes, mehr oder minder ausgedehntes Geschehen von einmaliger, in der Zeit begrenzter Wirklichkeit zu voller und erschöpfender Darstellung zu bringen. [...] Immer aber ist der Erkenntniszweck der, dass ein Gebilde des Menschenlebens, welches in einmaliger Wirklichkeit sich dargestellt hat, in dieser seiner Tatsächlichkeit reproduziert und verstanden werde."[7]

„Die einen suchen allgemeine Gesetze, die anderen besondere geschichtliche Tatsachen: in der Sprache der formalen Logik ausgedrückt, ist das Ziel der einen das generelle, apodiktische Urteil, das der anderen der singulare, affertorische Satz."[8] Windelband spricht von „Gesetzeswissenschaften" einerseits und „Ereigniswissenschaften" andererseits, und wählt dann die auf dem Altgriechischen basierenden Bezeichnungen „nomothetisch" für die ersteren und „idiographisch" für die letzteren.[9]

Sein Schüler Heinrich Rickert (1863-1936) kennzeichnete später die Geschichtswissenschaft ausdrücklich als „die Wissenschaft vom Einmaligen und Individuellen."[10] Gesetze, die allgemeine Gültigkeit beanspruchen könnten, gibt es dort deshalb nicht, weil alles reale Geschehen immer konkret und einmalig ist.

Der Geschichtstheoretiker William Dray (*1921) hat diesen Gedanken am Beispiel Ludwigs XIV. erläutert. Als der französische König 1715 starb, war er bei seinen Untertanen sehr unpopulär. Dafür machen die Historiker hauptsächlich seine Politik verantwortlich, die durch zahlreiche nur bedingt erfolgreiche Krie-

---

[4] Windelband, Wilhelm: Geschichte und Naturwissenschaft, in: Ders.: Präludien. Aufsätze und Reden zur Philosophie und ihrer Geschichte, 2 Bde., Tübingen 1915; Bd. 2, 136-160; hier 143f.

[5] Ebd., 150.

[6] Ebd., 152.

[7] Ebd., 144.

[8] Ebd.

[9] Ebd., 145.

[10] Rickert, Heinrich: Die vier Arten des Allgemeinen in der Geschichte, in: Ders.: Die Grenzen der naturwissenschaftlichen Begriffsbildung. Eine logische Einleitung in die historischen Wissenschaften, 5. verb. Auflage Tübingen 1929; 737-754; hier 739.

ge, eine teure Hofhaltung, etc. die Staatsausgaben in beispielloser Weise erhöhte, weshalb die Steuerlast enorm anwuchs. Diese, das Volk belastende Politik war außerdem dem König persönlich anzulasten, nicht irgendwelchen Ministern, die an seiner Statt regiert hätten.

Dieser Punkt ist in der Forschung weitestgehend unumstritten, aber kann man daraus ein allgemeines Gesetz formulieren? Das Zusammenwirken einer ganzen Reihe von Umständen führte zu seiner Unbeliebtheit, diese müssten daher alle in dem Gesetz aufgezählt werden, das dadurch immer spezieller würde. Am Ende, so Dray, müsste es lauten „Ein Herrscher, der handelt wie Ludwig XIV., wird unpopulär." Von einem ´allgemeinen` Gesetz, so Dray, könnte dann gar keine Rede mehr sein.[11]

Windelbands Kennzeichnung der Geschichtswissenschaft als einer rein idiographischen Disziplin wird bis heute von den meisten Historikern geteilt, auch von neueren methodischen Ansätzen. Der Historiker Wolfgang Reinhard (*1937) unterstreicht, „dass das Allgemeine beim Menschen nie als solches, sondern ausschließlich als Besonderes vorkommt."[12] Anhand dieses Kriteriums stellt er eine Skala auf: von den „Materie- und Energiewissenschaften über die Lebenswissenschaften und die Sozialwissenschaften bis zu den Geschichtswissenschaften herrscht ein abnehmender Grad von Allgemeinheit bzw. zunehmendes Interesse an Singularitäten."[13]

Diese auf philosophischer Reflexion beruhende Trennung wurde dann durch Entwicklungen in beiden Wissenschaften noch gefördert. Der Soziologe Hans Peter Dreitzel (*1935) sieht hier die zeitweilige Vorherrschaft des Behaviorismus in der Soziologie als eine wichtige Ursache, da sie die Sichtweise verbreitet habe, dass menschliches Verhalten von Automatismen gesteuert würde. „Von der biologischen Verhaltensforschung über eine behavioristisch verfahrende Psychologie bis hin zur mathematisierten Ökonomie soll das Programm der Verhaltenswissenschaften alle im strengen Sinne theoretisch gerichteten, also nur auf die Validierung von Gesetzesannahmen abzielenden Forschungen im Bereich der ´Wissenschaften vom Menschen` zusammenfassen."[14]

Hierdurch wurde der Graben zwischen den Sozialwissenschaften und der Geschichtswissenschaft vertieft. Die Historiker fühlten sich von dieser rigiden und letzten Endes unrealistischen Sichtweise menschlichen Verhaltens abgeschreckt

---

[11] Zu beiden Absätzen vgl. Dray, William: Laws and Explanation in History, Oxford 1957; hier 35.

[12] Reinhard, Wolfgang: Der Erde Kind und des sternenglänzenden Himmels. Neue Anthropologie als Focus der Wissenschaften, in: Freiburger Universitätsblätter Nr. 158 (2002), 65-74; hier 65.

[13] Ebd., 68.

[14] Dreitzel, Hans Peter: Theorielose Geschichte und geschichtslose Soziologie, in: H. U. Wehler (Hg.): Geschichte und Soziologie, Köln 1972, 37-52; hier S. 39.

und die Zusammenarbeit mit Soziologen nahm ab. Dies wiederum führte dazu, daß den Sozialwissenschaften das Bewusstsein für die Relevanz der Geschichte, für das historische Gewordensein der gesellschaftlichen Zusammenhänge, verloren ging. Den Historikern andererseits wurde das Suchen nach Gesetzen immer suspekter, weil die Sozialwissenschaften diesen Ansatz übertrieben und dem historischen Subjekt die Handlungsfreiheit absprachen.

Deswegen, so Dreitzel, sei es zu „einem Mangel an Reflexion über die Möglichkeit theoretischer Aussagen über einen historischen Gegenstand" gekommen, und zu einem generell „unbefriedigenden Verhältnis von Geschichtswissenschaft und Soziologie".[15]

Karl Popper hat diese Frontstellung durch die Formulierung seines Gesetzesbegriffes scharf gezeichnet. „To give a *causal explanation* of a certain event means to derive deductively a statement (it will be called a *prognosis*) which describes that event, using as premises of the deduction some *universal laws* together with certain singular or specific sentences which we may call *initial conditions*. [...] The initial conditions (or more precisely, the situation described by them) are usually spoken of as the cause of the event in question, and the prognosis (or rather, the event described by the prognosis) as the effect." Er postulierte, dass „the use of a theory for the purpose of *predicting* some specific event is just another aspect of its use for the purpose of *explaining* such an event."[16]

Hier haben wir es mit Eduard Meyers „ewigen, ehernen Gesetzen" zu tun, die es in der Geschichte in der Tat nicht geben kann. Vorhersagen zu treffen, ist für Historiker nicht möglich, hier gilt Eltons Aussage: „The recognition that at every moment in the past the future was essentially unpredictable and subject to human choices lies at the heart of a study which respects the past and allows it a life of its own."[17]

Auch die Sozialwissenschaften wären von diesem anspruchsvollen Gesetzesbegriff letztlich überfordert. Menschen können individuelle Entscheidungen treffen, die von denen der großen Mehrheit abweichen, so dass Gesetze im Popperschen Sinne auch ihnen nicht möglich sind. Trotzdem treffen Sozialwissenschaftler allgemeine Aussagen über menschliches Verhalten, weil Dreitzels Aussage Konsens ist: „Der Soziologe unterstellt dabei, dass Menschen sich aufgrund von sozialen Zwängen und innerer und äußerer sozialer Kontrolle regelmäßig in typisierter Weise verhalten. Gewiss gibt es Abweichungen von der wechselseitigen

---

[15] Ebd., 40.

[16] Popper, Karl R.: The Open Society and its Enemies, 2 Bde., London 1952, hier Bd. 2, S. 262f.

[17] Elton, Geoffrey R.: The New History, in: Ders. (Hg.): Studies in Tudor and Stuart Politics and Government, 4 Bde., Cambridge 1992, Bd. 4: Papers and Reviews 1983-1990, 303-308; hier S. 307.

Typisierung; [...] Die Chance, dass ein Individuum seine Freiheit in typischer Weise handelnd benutzt, ist immer relativ groß."[18]

Der Soziologe Jürgen v. Kempski wird systematischer: „Der entscheidende Unterschied zwischen theoretischer Sozialwissenschaft und Physik liegt darin, dass das von den Sozialwissenschaften studierte Verhalten der Menschen stets unter der Vorraussetzung steht, dass es von gewissen Maximen beherrscht wird, an die sich die Menschen halten, aber auch *nicht* halten können." Daraus folgt, dass in die Modelle der Sozialwissenschaften „unvermeidlich die Freiheit des Menschen in bezug auf die Maximen seines Handelns ein[geht]."[19]

Sogar Popper gesteht der Geschichtswissenschaft zu, dass nomothetische Gesetze bei ihr nicht möglich seien, und sieht ihre Aufgabe vielmehr in der Suche nach probabilistischen.[20] Das Argument, Gesetze könne es in der Geschichte nicht geben, weil der Wille des Menschen nun einmal frei und individuell sei, richtet sich in Wirklichkeit nur gegen die Verwendung des nomothetischen Gesetzesbegriffes, nicht gegen den probabilistischen, doch auch der ist als ´Gesetz` erkenntnistheoretisch anerkannt.[21]

Es gibt durchaus Historiker, die dieses ´Angebot` annehmen und die Suche nach Gesetzmäßigkeiten, deren Gültigkeit auf diese Weise eingeschränkt ist, für möglich und sinnvoll halten. Zu ihnen gehörte z. B. Theodor Schieder (1908-1984). Er konzedierte zunächst, dass in der Geschichtswissenschaft die Vorstellung vorherrscht, „dass das Individuelle, Singuläre oder, ..., Besondere den eigentlichen historischen Erkenntnisgegenstand darstellt." Er kritisiert dies dann aber und erklärt: „wir kommen gar nicht ohne generalisierende Züge aus."[22]

Der erste Schritt der Arbeit des Historikers besteht laut Schieder darin, die Handlungs- und Wirkungszusammenhänge eines *konkreten* historischen Geschehens zu untersuchen. Dabei sollte es jedoch nicht bleiben. „Der zweite Schritt eines untersuchenden Verfahren könnte dazu führen, aus einem oder mehreren hervorragenden historischen Handlungszusammenhängen Schlüsse auf allgemeine Regeln zu ziehen, z. B.: Kriege kommen zustande, wenn Konstellationen und

---

[18] Dreitzel, a.a.O., S. 46.

[19] Kempski, Jürgen v. : Zur Logik der Ordnungsbegriffe, in: H. Albert (Hg.): Theorie und Realität. Ausgewählte Aufsätze zur Wissenschaftslehre der Sozialwissenschaften, 2. Aufl., Tübingen 1972, 115-138; hier 130.

[20] Popper, a.a.O., 263.

[21] Vgl. Carnap, Rudolf: Logical Foundations of Probability, Chicago 1950.

[22] Schieder, Theodor: Der Typus in der Geschichtswissenschaft, in: Ders. (Hg.): Staat und Gesellschaft im Wandel unserer Zeit. Studien zur Geschichte des 19. und 20. Jahrhunderts, München 1970; hier 172.

Bedingungen bestehen, die den Umschlag eines innerstaatlichen Konflikts in einen äußeren Staatenkrieg begünstigen."[23]

Laut Schieder sei diese Methode in der Geschichtswissenschaft weit verbreitet, auch wenn sich die Historiker darüber selbst nicht immer bewusst wären: „Tatsächlich verfährt aber die historiographische Praxis häufig so: Sie verwendet Allgemeinbegriffe, postuliert Gesetzmäßigkeiten, die lediglich nach besonders herausragenden historischen Einzelereignissen geformt sind, welche dann zu einer allgemeinen Aussage, zu einer Regel oder zum Typus gesteigert werden." Er nennt dann als Beispiel den Revolutionsbegriff, der in erster Linie der Französischen Revolution von 1789 nachgebildet und dann auf andere Revolutionen übertragen wurde, und das mit großem Erfolg.[24]

Er fügt hinzu: „Es kann nicht bestritten werden, dass solche Schlüsse vom Einzelnen zum Allgemeinen für die Geschichtswissenschaft schon immer ein legitimes Verfahren darstellten." Trotzdem hält auch Schieder an der idiographischen Grundstruktur der Geschichte fest: „Aber für den Historiker bleibt doch immer die Dignität jedes Einzelphänomens und jedes individuellen Gegenstandes bestehen."[25]

Als Quelle dieser Gesetzmäßigkeiten macht Schieder dieselbe aus wie Kempski und Dreitzel, nämlich die menschliche Psyche. Er beruft sich hierbei allerdings nicht auf psychologische Forschungen, sondern leitet seine Position von einem anderen Historiker her, von Jakob Burckhardt (1818-1897).

Dessen Standpunkt fasst er so zusammen: „Das Allgemeine wird nicht in erster Linie als die Kontinuität der singulären Dinge verstanden, sondern als die Konstanz des menschlichen Geistes, die durch alle individuellen Wandlungen hindurch bricht."[26] Keine Naturgesetze also, sondern der menschliche Geist; und wenn dieser Regeln gehorcht, wie die Psychologen behaupten, dann müsste auch die Geschichte als Ausdruck und Ergebnis dieses Geistes Regeln erkennen lassen. Allgemeine Gesetzmäßigkeiten erscheinen Schieder möglich, denn sie beruhen auf „einem gemeinsamen Grundbestand allgemein-menschlicher Erlebnis- und Reaktionsweisen, die unter ähnlichen Voraussetzungen zu ähnlichen Entscheidungen führen."[27]

Damit ist Schieder haargenau bei der bereits beschriebenen Argumentation angelangt: nomothetische Gesetze kann es in der Geschichte nicht geben, weil die Menschen in jedem Augenblick ihres Lebens die Möglichkeit haben, anders zu

---

[23] Schieder, Theodor: Unterschiede zwischen historischer und sozialwissenschaftlicher Methode, in: H.-U. Wehler (Hg.): Geschichte und Soziologie, Köln 1972, 283-304; hier 297.

[24] Ebd., 298.

[25] Beide Zitate ebd.

[26] Schieder, Der Typus, a.a.O., 175.

[27] Ebd., 183.

entscheiden, die Mehrheit dies aber in den meisten Situationen nicht tut, sondern ´typisch` handelt, so dass probabilistische Regeln des Verhaltens aufgestellt werden können. Und solange Geschichte aus menschlichen Handlungen besteht, müssten sich diese Regeln auch in dem Ablauf der Geschichte wieder finden.

Max Weber (1864-1920) sah das nicht anders. Auch er hielt die psychologischen Grundlagen menschlichen Verhaltens für die Wurzeln von Regeln: „Was speziell die Mitwirkung `geistiger` Motive anlangt, so schließt sie jedenfalls die Aufstellung von Regeln rationalen Handelns nicht aus, und vor allem ist die Ansicht noch heute nicht ganz verschwunden, dass es eben die Aufgabe der Psychologie sei, eine der Mathematik vergleichbare Rolle für die einzelnen `Geisteswissenschaften` zu spielen, indem sie die komplizierten Erscheinungen des Soziallebens auf ihre psychologischen Bedingungen und Wirkungen hin zu zergliedern, diese auf möglichst einfache psychische Faktoren zurückzuführen, letztere wieder gattungsmäßig zu klassifizieren und in ihren funktionellen Zusammenhängen zu untersuchen habe."[28]

Diese, von Weber angedeutete besondere Rolle der Psychologie als Leitwissenschaft der Geisteswissenschaften, wird dann von ihm in der folgenden bildhaften Weise umschrieben: „Damit wäre dann, wenn auch keine `Mechanik`, so doch eine Art von `Chemie` des Soziallebens in seinen psychischen Grundlagen geschaffen."[29]

Und ausgerechnet Windelband, von den Gegnern historischer Gesetze immer als Kronzeuge aufgerufen, ist es, der uns auf die Spur der Einsicht führt, dass allgemeine Gesetze für die Geschichte nicht nur möglich, sondern in einem gewissen Sinne sogar notwendig sind. „Andererseits bedürfen nun aber die idiographischen Wissenschaften auf Schritt und Tritt der allgemeinen Sätze, welche sie in völlig korrekter Begründung nur den nomothetischen Disziplinen entlehnen können. Jede Kausalerklärung irgendeines geschichtlichen Vorganges setzt allgemeine Vorstellungen vom Verlauf der Dinge überhaupt voraus; und wenn man historische Beweise auf ihre rein logische Form bringen will, so erhalten sie stets als oberste Prämissen Naturgesetze des Geschehens, insbesondere des seelischen Geschehens."[30] Eine Geschichtswissenschaft, die historische Ereignisse kausal erklären will, käme also ohne die Annahme gewisser Gesetzmäßigkeiten gar nicht aus.

Die Historiker Bernhard Giesen und Michael Schmid bauen dieses Argument weiter aus. Für sie sind „notwendige Bedingungen ohne solches nomologisches Wissen" nicht diskutierbar: „Das Vorkommen von Sauerstoff ist eine notwendige Bedingung für Verbrennungsvorgänge. Das Wissen um den Zusammenhang

---

[28] Weber, Max: Die „Objektivität" sozialwissenschaftlicher und sozialpolitischer Erkenntnis, in: Ders.: Gesammelte Aufsätze zur Wissenschaftslehre, Tübingen 1922, 146-214; hier 173.

[29] Ebd.

[30] Windelband, a.a.O., 156f.

zwischen Sauerstoff und Verbrennen indessen [ist] nomologisches Wissen um den gesetzesartigen Zusammenhang zwischen beiden Faktoren."[31] Und weiter: „Verstehen ohne Rekurs auf allgemeine Zusammenhänge ist sicher undenkbar."[32]

Der Soziologe Walter Bryce Gallie (1912-1998) hatte schon vorher Windelbands Gedanken aufgegriffen, und das folgende Gegenargument vorgetragen, um allgemeine Gesetze in der Geschichte doch ablehnen zu können. Zu diesem Zweck unterschied er zwischen notwendigen und hinreichenden Bedingungen. Wenn ein Historiker beschreibt, wie ein Ereignis ein anderes nach sich zieht, dann bezeichnet er damit das erste nur als eine notwendige Bedingung für das zweite, nicht als eine hinreichende, womit die Einzigartigkeit des historischen Ereignisses sowie die Unmöglichkeit von Vorhersagen gerettet sind.[33]

Giesen und Schmid widersprechen dem und weisen darauf hin, dass die Beschränkung auf notwendige Bedingungen und das Vermeiden der Kennzeichnung von hinreichenden nicht ausreiche, um Ereignisse zu erklären, denn notwendige Bedingungen habe jedes Ereignis zahllose. „Jedes beliebige Ereignis hat eine unendliche Menge von notwendigen Bedingungen, die erfüllt sein müssen, um das betreffende Ereignis zu ermöglichen, aber man wird es in der Regel als wenig befriedigend betrachten dürfen, wenn man die Entstehung der vorderasiatischen Hochkulturen etwa damit erklären wollte, dass es dort Menschen gab. Wenn man die Rede von den erklärungskräftigen notwendigen Bedingungen retten möchte, müsste man zumindest zwischen trivialen und nichttrivialen notwendigen Bedingungen unterscheiden. [...] zum anderen ist auch hier Gesetzeswissen kaum zu suspendieren."[34]

Ob die Historiker also wollen oder nicht: solange sie Ereignisse kausal erklären wollen, müssen sie auf generalisierende, den Einzelfall übergreifende Annahmen zurückgreifen.

Doch damit ist das Verhältnis von individuellem Ereignis und allgemeinen Gesetzmäßigkeiten noch nicht ausreichend erläutert. Max Weber hat das klar gesehen. „Gesetzt den Fall, es gelänge einmal, ..., alle jemals beobachteten und weiterhin auch all in irgend einer Zukunft denkbaren ursächlichen Verknüpfungen von Vorgängen des menschlichen Zusammenlebens auf irgend welche einfache streng gesetzlich geltenden Regeln erschöpfend zu erfassen – was würde das Resultat für die Erkenntnis der geschichtlich gegebenen Kulturwelt, oder auch nur irgend einer Einzelerscheinung daraus, - etwa des Kapitalismus in seinem Ge-

---

[31] Giesen, Bernard / Schmid, Michael: Erklärung und Geschichte. Argumente für eine nomothetische Historiographie, Gersthofen 1976; beide Zitate S. 76f.

[32] Ebd., S. 79.

[33] Vgl. Gallie, Walter Bryce: Explanation in History and the Genetic Sciences, in: Mind 64 (1955), 160-180.

[34] Giesen & Schmid, a.a.O., S. 77.

wordensein und seiner Kulturbedeutung, - besagen? Als Erkenntnismittel ebenso viel und ebenso wenig wie etwa ein Lexikon der organischen chemischen Verbindungen für die biogenetische Erkenntnis der Tier- und Pflanzenwelt. Im einen Falle wie im andern würde eine sicherlich wichtige und nützliche Vorarbeit geleistet sein. Im einen Fall so wenig wie im andern ließe sich aber aus jenen ʻGesetzenʻ und ʻFaktorenʻ die Wirklichkeit des Lebens jemals deduzieren – nicht etwa deshalb nicht, weil noch irgend welche höhere und geheimnisvolle ʻKräfteʻ ... in den Lebenserscheinungen stecken müssten ..., sondern schon einfach deswegen, weil es uns für die Erkenntnis der Wirklichkeit auf die Konstellation ankommt, in der sich jene (hypothetischen) ʻFaktorenʻ, zu einer geschichtlich für uns bedeutsamen Kulturerscheinung gruppiert, vorfinden, und weil, wenn wir nun diese individuelle Gruppierung ʻkausal erklärenʻ wollen, wir immer auf andere, ganz ebenso individuelle Gruppierungen zurückgreifen müssten, aus denen wir sie, natürlich unter Benutzung jener (hypothetischen) ʻGesetzesʻ-Begriffe ʻerklärenʻ würden. Jene (hypothetischen) ʻGesetzeʻ und ʻFaktorenʻ festzustellen, wäre für uns also jedenfalls nur die erste der mehreren Arbeiten, die zu der von uns erstrebten Erkenntnis führen würden."[35]

Die Erklärung, die der Historiker für ein Ereignis gibt, kann sich also nicht in der Heranziehung eines allgemeinen Gesetzes erschöpfen, sondern muss stets dessen Individualität, und die Individualität des Zustandes, der zu ihm führte, miteinbeziehen.

Und wiederum ist es Windelband, der uns eine Formel für das Verhältnis des Allgemeinen zum Individuellen in einem historischen Ereignis aufzeigt. Er findet sie in der logischen Struktur kausaler Aussagen: „In der Kausalbetrachtung nimmt jegliches Sondergeschehen die Form eines Syllogismus an, dessen Obersatz ein Naturgesetz, ... dessen Untersatz eine zeitlich gegebene Bedingung oder ein Ganzes solcher Bedingungen und dessen Schlusssatz dann das wirkliche einzelne Ereignis ist. Wie aber logisch der Schlusssatz eben zwei Prämissen voraussetzt, so das Geschehen zwei Arten von Ursachen: einerseits die zeitlose Notwendigkeit, in der sich das dauernde Wesen der Dinge ausdrückt, andrerseits die besondere Bedingung, die in einem bestimmten Zeitmomente eintritt."[36]

Er fährt dann fort: „So wenig, wie der bei der syllogistischen Subsumtion angefügte Untersatz eine Folge des Obersatzes selbst ist, so wenig ist beim Geschehen die zu dem allgemeinen Wesen der Sache hinzutretende Bedingung aus diesem gesetzlichen Wesen selbst abzuleiten. Vielmehr ist diese Bedingung als ein selbst zeitliches Ereignis wiederum auf eine andere zeitliche Bedingung zurückzuführen, aus der sie nach gesetzlicher Notwendigkeit gefolgt ist"[37].

---

[35] Weber, a.a.O., 174.
[36] Windelband, a.a.O., 158.
[37] Ebd., 158f.

Dann nimmt er Webers Argument der Abhängigkeit jedes Ereignisses von seinem vorhergehenden Weltzustand vorweg: „aus den allgemeinen Naturgesetzen folgt der gegenwärtige Weltzustand nur unter der Voraussetzung des unmittelbar vorhergehenden, dieser wieder aus dem früheren, und so fort; niemals aber folgt ein solcher bestimmter einzelner Lagerungszustand der Atome aus den allgemeinen Bewegungsgesetzen selbst."[38]

Letzten Endes kann also gesagt werden, dass allgemeine Gesetzmäßigkeiten probabilistischer Natur in der Geschichte sehr wohl existieren und so wirkungsmächtig sind, dass sie in die Erklärung historischer Ereignisse unbedingt einfließen müssen. Hierbei muss allerdings die Individualität des Ereignisses stets beachtet werden, sein Herauswachsen aus dem jeweils ganz spezifischen Vorzustande. Gesetzmäßige und individuelle Bedingungen des Ereignisses stehen daher unableitbar und doch miteinander schöpferisch zusammenwirkend nebeneinander, wie Ober- und Untersatz des von Windelband postulierten kantischen Syllogismus.

Wenn auf diese Weise ein sauberes Verhältnis zwischen Ereignis und Gesetzmäßigkeit hergestellt ist, dann kann in der Geschichtsforschung geradezu sozialwissenschaftlich gearbeitet werden, wie es z.B. die Schule der sog. Historischen Sozialwissenschaft tut, als deren Repräsentant hier Jürgen Kocka auftreten kann. Er bezeichnet die „Benutzung sozialwissenschaftlicher Generalisierungen für die geschichtswissenschaftliche Arbeit" als „vielversprechend". Ja, er geht sogar noch weiter: „Jedoch hilft die Orientierung an solchen Theorien mittlerer Reichweite (also etwa an Theorien über Imperialismus, Bürokratie, soziale Stratifikation und Gruppenbildung, etc.) dem Historiker in der Regel nicht, seinen spezifischen Gegenstand im sich wandelnden gesamtgesellschaftlichen Zusammenhang, also als Teil einer komplexen, dynamischen, strukturierten Totalität, zu begreifen, es sei denn, die angezogene Theorie mittlerer Reichweite wäre zugleich Bestandteil einer historisch anwendbaren gesamtgesellschaftlichen Theorie (wie z.B. im Historischen Materialismus)."[39] Genau das leistet Bernholz in seinem Aufsatz, indem er das ökonomische Verständnis des Kapitalismus seiner Gesetzesformulierung als theoretisches Fundament zugrunde legt.

Kocka unterscheidet zwei Arten der Verwendung sozialwissenschaftlicher Generalisierung durch den Historiker. Als erste Art bezeichnet er die „Benutzung soziologischer und ökonomischer Sätze, Modelle und Theorien zur Bildung historischer Typen und Modelle, die zur Auswahl, Ordnung und Verknüpfung von Quelleninformationen nach strukturellen und prozessualen Mustern dienen und in diesem Prozess selbst der Modifikation unterliegen."[40]

---

[38] Ebd., 159.
[39] Alle Zitate dieses Absatzes in Kocka, Jürgen: Theorieprobleme der Sozial- und Wirtschaftsgeschichte, in: Wehler, Geschichte und Soziologie, a.a.O., 305-330; hier S. 313f.
[40] Kocka, a.a.O., S. 316.

Peter Bernholz geht in seinem Aufsatz noch einen Schritt weiter, indem er das dialektische Verhältnis umkehrt: der Blick in die Geschichte führt ihn zu der Entdeckung eines Grundsatzes für die Ökonomie. Nachdem er zunächst das ökonomische Wissen um das Greshamsche Gesetz benutzt hat, um historische Zusammenhänge besser zu verstehen, wendet er schließlich das in der historischen Betrachtung gewonnene Wissen an, um ein neues Gesetz für die Ökonomie zu formulieren.

Zumindest Kocka gibt ihm gewissermaßen die Lizenz dazu. Denn der zweite Ansatz, den er vorstellt, „besteht in der vollen Anwendung systematischer Theorien und Methoden auf den historischen Untersuchungsgegenstand, wobei die historischen Quelleninformationen zu Daten sozialwissenschaftlicher Theoriebildung werden. In solchen Fällen wird Geschichte Teil der jeweiligen systematischen Sozialwissenschaft, und zwar unter deren Bedingungen und Kontrolle. Dieses Verfahren erscheint besonders problematisch, falls die kontrollierende Sozialwissenschaft den strengen szientifischen Grundsätzen der empirisch-nomologischen (neopositivistischen) Einheitswissenschaftslehre folgt, deren Ziel die Erstellung möglichst allgemeiner Theorie ist. [...] Dieser Ansatz setzt die Wiederholbarkeit von ausreichend ähnlichen Fällen in ausreichend großer Zahl als Basis des Überprüfens der aus Theorie abgeleiteten Hypothesen voraus, impliziert also bei Anwendung auf historische ´Fälle` nicht nur die Abstraktion von ihrer Verschiedenartigkeit ..., sondern auch von ihrem *Entwicklungszusammenhang* und ihrer für Historiker zentralen Temporalstruktur.“[41]

Dieser zweite Ansatz, fügt Kocka hinzu, „projiziert sie [die geschichtlichen Ereignisse] auf eine Ebene universeller Gleichzeitigkeit und verfehlt damit ihr Zentrum.“[42] So ließe sich Bernholz` letzter Schritt umschreiben. Aus der Sicht des Historikers wäre zu sagen, dass mit diesem Schritt der von Windelband erläuterte syllogistische Untersatz, der vorhergehende Zustand als notwendige Voraussetzung des konkreten Ereignisses, nicht mehr Beachtung findet. Aus der Sicht des Historikers wäre damit die individuelle Komponente des Ereignisses, seine zeitliche Gebundenheit, nicht mehr in ausreichender Weise gewürdigt.

Kocka aber will das zumindest in einigen Fällen zulassen. Dieser Ansatz könne durchaus für den Historiker wertvolle Dienste leisten, meint er, besonders bei der „Untersuchung langfristiger historischer Prozesse [...] wo diese noch am unmittelbarsten mit Naturprozessen verbunden sind, [...] [z.B.] in der nicht umsonst als Quasi-Geschichte kritisierten ´New Economic History`, also bei der Untersuchung der Wirtschaft, d.h. eines Lebensgebietes, das aufgrund der *relativen* Konstanz seiner nicht-ökonomischen Vorraussetzungen als *relativ* eigenstän-

---

[41] Ebd., 318.
[42] Ebd.

dig behandelt werden kann."[43] Dieser Satz scheint wie auf Peter Bernholz' Aufsatz gemünzt.

Ob dieser letztere Ansatz als Erkenntnisquelle für die wissenschaftliche Ökonomie zulässig ist, müssen die Ökonomen selbst entscheiden, dazu fehlt dem Autoren dieser Zeilen das Wissen. Was er jedoch festhalten kann, ist, dass es trotz des Widerwillens großer Teile der Historikerzunft offenbar sehr wohl Gesetzmäßigkeiten des historischen Geschehens gibt, dass wir ohne diese fast nicht arbeiten können, und dass Peter Bernholz mit dem Thiers`schen Gesetz eines davon entdeckt zu haben scheint.

Literatur

Carnap, Rudolf: Logical Foundations of Probability, Chicago 1950.

Dray, William: Laws and Explanation in History, Oxford 1957.

Dreitzel, Hans Peter: Theorielose Geschichte und geschichtslose Soziologie, in: H. U. Wehler (Hg.): Geschichte und Soziologie, Köln 1972, 37-52.

Elton, Geoffrey R.: Historians Against History, in: Ders. (Hg.): Studies in Tudor and Stuart Politics and Government, 4 Bde., Cambridge 1992; Bd. 4: Papers and Reviews 1983-1990, 286-292.

Elton, Geoffrey R.: The New History, in: Ders. (Hg.): Studies in Tudor and Stuart Politics and Government, 4 Bde., Cambridge 1992, Bd. 4: Papers and Reviews 1983-1990, 303-308.

Gallie, Walter Bryce: Explanation in History and the Genetic Sciences, in: Mind 64 (1955), 160-180.

Giesen, Bernard / Schmid, Michael: Erklärung und Geschichte. Argumente für eine nomothetische Historiographie, Gersthofen 1976;

Kempski, Jürgen v. : Zur Logik der Ordnungsbegriffe, in: H. Albert (Hg.): Theorie und Realität. Ausgewählte Aufsätze zur Wissenschaftslehre der Sozialwissenschaften, 2. Aufl., Tübingen 1972, 115-138.

Kocka, Jürgen: Theorieprobleme der Sozial- und Wirtschaftsgeschichte, in: Wehler, Geschichte und Soziologie, a.a.O., 305-330.

Popper, Karl R.: The Open Society and its Enemies, London 1952.

---

[43] Ebd., 319.

Reinhard, Wolfgang: Der Erde Kind und des sternenglänzenden Himmels. Neue Anthropologie als Focus der Wissenschaften, in: Freiburger Universitätsblätter Nr. 158 (2002), 65-74.

Rickert, Heinrich: Die vier Arten des Allgemeinen in der Geschichte, in: Ders.: Die Grenzen der naturwissenschaftlichen Begriffsbildung. Eine logische Einleitung in die historischen Wissenschaften, 5. verb. Auflage Tübingen 1929; 737-754.

Schieder, Theodor: Der Typus in der Geschichtswissenschaft, in: Ders. (Hg.): Staat und Gesellschaft im Wandel unserer Zeit. Studien zur Geschichte des 19. und 20. Jahrhunderts, München 1970.

Schieder, Theodor: Unterschiede zwischen historischer und sozialwissenschaftlicher Methode, in: H.-U. Wehler (Hg.): Geschichte und Soziologie, Köln 1972, 283-304.

Weber, Max: Die "Objektivität" sozialwissenschaftlicher und sozialpolitischer Erkenntnis, in: Ders.: Gesammelte Aufsätze zur Wissenschaftslehre, Tübingen 1922, 146-214.

Windelband, Wilhelm: Geschichte und Naturwissenschaft, in: Ders.: Präludien. Aufsätze und Reden zur Philosophie und ihrer Geschichte, 2 Bde., Tübingen 1915; Bd. 2, 136-160.

8 ½ Jahre europäische Geldpolitik: Eine Zwischenbilanz[1]

Hans-Joachim Klöckers[2]

1   Einleitung

Seit der Einführung des Euro am 1. Januar 1999 sind 8 ½ Jahre vergangen. In dieser Zeit haben sich genügend Daten angesammelt, die es ermöglichen, heute eine Zwischenbilanz zu ziehen. Die in diesem Beitrag vorgenommene Zwischenbilanz ist breit angelegt. Sie betrachtet nicht nur die Geldpolitik im engeren

---

[1] Vortrag gehalten am 10. Juli 2007 an der Universität Freiburg/Breisgau. Ich danke Herrn Rainer Böhme für die Unterstützung bei der Vorbereitung des Vortrags sowie Anike Boeckler, Hermann Klöckers, Manfred Kremer, Bettina Landau, Edda Lautenschläger, Nadine Leiner-Killinger, Wolfgang Modery, Damaris Nübling und Phillip Rother für hilfreiche Kommentare und Anregungen. Die Inhalte dieses Beitrags stellen ausschließlich meine persönlichen Ansichten dar und stimmen nicht notwendigerweise mit der Sicht der Europäischen Zentralbank überein.

[2] Leiter der Direktion Wirtschaftliche Entwicklung der Europäischen Zentralbank.

Sinne, sondern nimmt eine weite Perspektive ein und schaut auch auf andere Politikbereiche und die gesamtwirtschaftliche Entwicklung.

Eine Zwischenbilanz zu ziehen erfordert einen Rückblick auf die wesentlichen Ziele der Wirtschafts- und Währungsunion (WWU). Von dieser versprach man sich insbesondere die Gewährleistung der Preisstabilität durch die Europäische Zentralbank (EZB) sowie eine solidere Fiskalpolitik in den Mitgliedsländern des Euro-Währungsgebiets. All dies sollte zu geringeren Risikoprämien – und damit auch zu einem niedrigeren Zinsniveau – auf den Finanzmärkten führen. Die verbesserten Finanzierungsbedingungen und die erhöhte wirtschaftspolitische Stabilität sollten letztlich den privaten Investitionen und damit auch dem Wirtschafts- und Beschäftigungswachstum zugute kommen.

Dieser Beitrag befasst sich zunächst mit den Errungenschaften im Bereich der Preisstabilität. Der nachfolgende Abschnitt beschäftigt sich mit den Fortschritten hinsichtlich der Fiskalpolitik, und wirft zudem einen Blick auf den Rückgang der Risikoprämien und des Zinsniveaus. Die beiden darauffolgenden Abschnitte befassen sich mit den Fortschritten auf dem Arbeitsmarkt und beim Wirtschaftswachstum. Abschließend folgen einige Ausführungen zu möglichen Ungleichgewichten in der Wirtschafts- und Währungsunion.

Der Beitrag stützt sich auf die zu beobachtenden Fakten. Diese sprechen, wie sich aus dem Folgenden ergeben sollte, weitgehend für sich.

2   Preisstabilität

Die Europäische Zentralbank[3] legte kurz nach ihrer Gründung im Juni 1998 eine quantitative Definition der Preisstabilität vor. Demnach ist Preisstabilität definiert als „Anstieg des Harmonisierten Verbraucherpreisindex (HVPI) für das Euro-Währungsgebiet von unter 2 % gegenüber dem Vorjahr. Preisstabilität muss mittelfristig gewährleistet werden". Im Jahr 2003 hat der EZB-Rat diese Definition weiter präzisiert, indem er verkündete, dass er mittelfristig eine Preissteigerungsrate von „unter, aber nahe 2 %" anstrebt. Diese nähere Erläuterung hatte den Zweck, einen noch klareren Anker für die mittel- bis längerfristigen Inflationserwartungen vorzugeben, als er durch die etwas weiter gefasste Definition der Preisstabilität gegeben war. Gleichzeitig diente die Erläuterung auch

---

[3] Eine gute Einführung in die Geldpolitik der Europäischen Zentralbank bietet der von ihr veröffentlichte Band „Die Geldpolitik der EZB" (2004a), der – wie alle anderen EZB-Publikationen – kostenlos bei der EZB angefordert werden kann.

Entwicklung der Inflationsrate im Euroraum
(HVPI. Veränderungen gegen Vorjahr in %)

Quellen: BIZ, Eurostat und EZB Berechnungen

EUROPEAN CENTRAL BANK

Schaubild 1

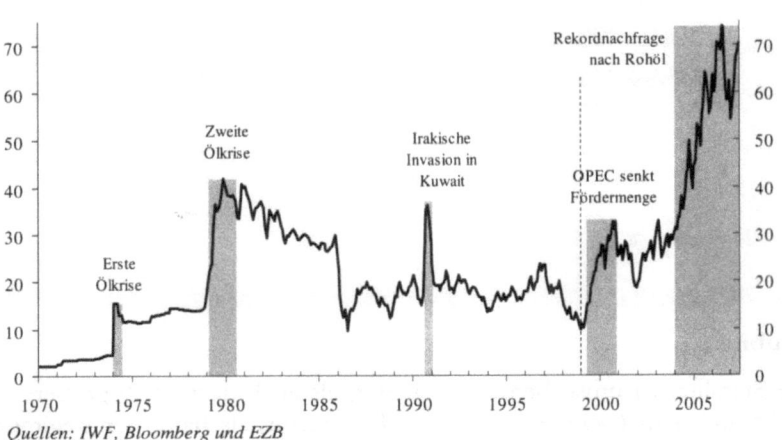

Entwicklung der Ölpreise an den Weltmärkten
(US-Dollar pro Barrel. Sorte Brent)

Quellen: IWF, Bloomberg und EZB

EUROPEAN CENTRAL BANK

Schaubild 2

dazu, den Maßstab zu präzisieren, bezüglich dessen die EZB rechenschafts-
pflichtig ist.

Schaubild 1 veranschaulicht die Entwicklung der Inflation im Euroraum seit
1970. Es zeigt deutlich den Einfluss der Ölpreisschocks der Jahre 1973/74,
1979/80 sowie 1990 (siehe Schaubild 2), die jeweils die Inflation in die Höhe
trieben. Aus Schaubild 1 ist auch ersichtlich, wie lange es gedauert hat, die Inflation nach den Fehlentwicklungen der Siebzigerjahre wieder in den Griff zu be-
kommen. Erst nach Abschluss des Maastrichter Vertrags Anfang der Neunzigerjahre hat sich ein dauerhafter Rückgang in den von der EZB für die Preisstabilität definierten Bereich abgezeichnet. Man sieht auch, dass sich nach Beginn der
Wirtschafts- und Währungsunion offensichtlich ein Regimewechsel vollzogen
hat. Nach einem „Ausrutscher" nach unten in den Jahren 1998/99, als die Ölpreise zeitweise wieder auf unter 10 US-Dollar pro Barrel zurückgegangen waren,
zeigt die Inflation seit dem Jahr 2000 eine außergewöhnliche Stabilität in der
Nähe einer Jahresrate von 2 %.

Inflation und Inflationsvolatilität im Euroraum
(Mittelwerte über ausgewählte Zeiträume)

	Inflationsrate	Volatilität [1]
	% zum Vorjahr	*Prozentpunkte*
1970er	8.1	2.4
1980er	6.4	3.6
1990-1998	2.8	1.1
1999-2006	2.0	0.5

1) Standardabweichung der monatlichen HVPI Preissteigerung zum Vorjahr

Quellen: Eurostat und EZB Berechnungen

EUROPEAN CENTRAL BANK

Schaubild 3

Diese Stabilität ist umso bemerkenswerter, als auch nach 1999 größere Ölpreisschocks auftraten (siehe Schaubild 2). Es scheint, als hätte der Regimewechsel
dazu beigetragen, diese Schocks weitaus besser abzufedern, als dies in früheren
Episoden der Fall gewesen war. Dies belegt auch Schaubild 3. Die durchschnittliche Inflation seit 1999 beträgt 2,0 % und liegt damit deutlich unter dem Durchschnitt der vergangenen Jahrzehnte. Auch die Volatilität der Inflation ist spürbar
zurückgegangen.

Schaubild 4 verdeutlicht, dass die Fortschritte im Inflationsabbau nahezu in der gesamten Wirtschafts- und Währungsunion festzustellen sind. Im Vergleich zu den acht Jahren vor Einführung des Euro sind die größten Fortschritte in den südeuropäischen Ländern Griechenland, Portugal, Italien und Spanien festzustellen. Aber auch in Deutschland und Österreich ist die Teuerungsrate nach Einführung der einheitlichen Währung niedriger als vorher. Nur in Irland hat die Inflation spürbar zugenommen, und geringfügige Zuwächse waren im Zeitraum von 1999 bis 2006 auch in den Niederlanden und Luxemburg zu verzeichnen.

Die spürbaren Fortschritte auf dem Gebiet der Preisstabilität spiegeln sich in den langfristigen Inflationserwartungen der Wirtschaftsakteure wider. Schaubild 5 zeigt zwei Maße für langfristige Inflationserwartungen von professionellen Wirtschaftsprognostikern. Das Schaubild veranschaulicht den Fall der Inflationserwartungen im Lauf der Neunzigerjahre. Nach Bekanntgabe der Definition von Preisstabilität durch die EZB im Jahr 1998 fielen die langfristigen Inflationserwartungen unter die Rate von 2 % und liegen seit 2002 relativ stabil bei 1,9 %, also „nahe 2 %". Dies zeigt deutlich die Ankerfunktion der quantitativen Zieldefinition durch den EZB-Rat für die privaten Inflationserwartungen.

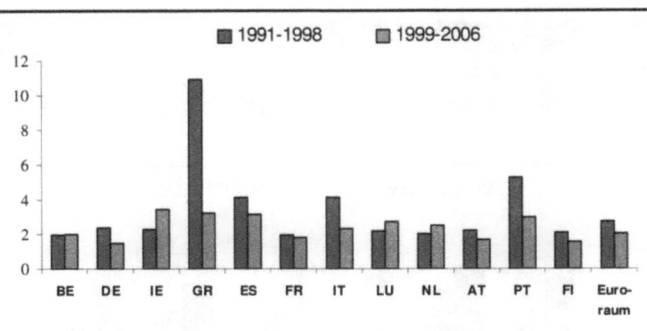

Entwicklung der Inflationsrate in einzelnen Euro-Ländern
(durchschnittliche Veränderungen zum Vorjahr in %)

■ 1991-1998   ▨ 1999-2006

Quellen: Eurostat und EZB Berechnungen

Anmerkung: HVPI ab 1992 für Belgien, ab 1996 für Deutschland, ab 1995 für Irland und Griechenland, ab 1993 für Spanien sowie ab 1996 für Luxemburg; vorher VPI

Schaubild 4

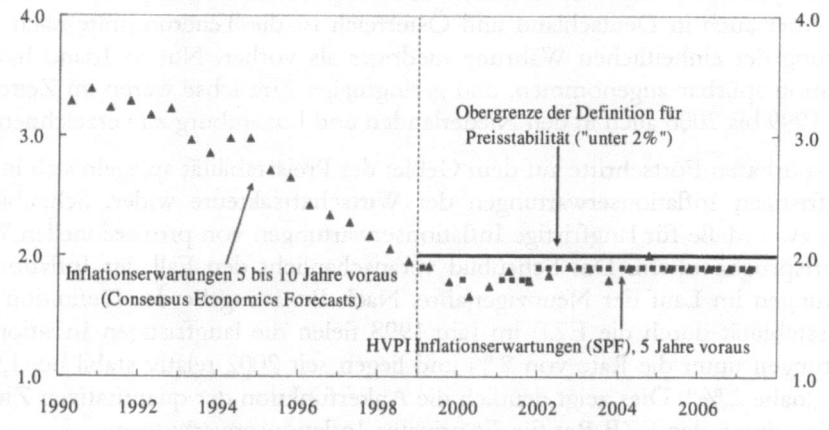

Quellen: Consensus Economics und EZB (Survey of Professional Forecasters, SPF)

Schaubild 5

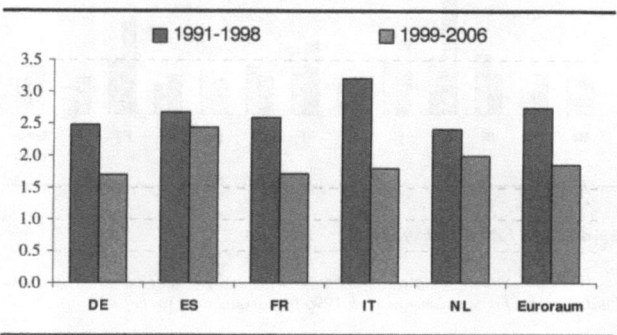

Quellen: Consensus Economics und EZB Berechnungen

Anmerkung: Zahlen für Spanien und die Niederlande liegen erst ab 1995 vor.

Schaubild 6

Da die privaten Wirtschaftsakteure wissen, welches Inflationsziel der EZB-Rat mittelfristig anstrebt, können sie ihre Erwartungen darauf einstellen und sich in ihrem Handeln daran orientieren. Die in Schaubild 5 zum Ausdruck kommende Glaubwürdigkeit der Geldpolitik in den Augen von Privatpersonen ist für die EZB von großem Vorteil. Eine hohe Glaubwürdigkeit der Geldpolitik verringert die Gefahr von Fehlentwicklungen im Preisbildungs- und Lohnfindungsprozess und trägt somit unmittelbar dazu bei, die Inflation in der Nähe der von der EZB angestrebten Preissteigerungsrate zu stabilisieren. Schaubild 6 verdeutlicht, dass ein Rückgang der langfristigen Inflationsraten in allen großen Ländern der Wirtschafts- und Währungsunion zu verzeichnen ist.

Die Erfolge in Bezug auf Preisstabilität stehen jedoch in einem augenfälligen Gegensatz zum Ruf des Euro, ein „Teuro" zu sein. Tatsächlich hält sich seit der Einführung der Euro-Banknoten und -Münzen im Januar 2002 hartnäckig die Meinung, der Euro „habe alles teurer gemacht". Vor diesem Hintergrund zeigt Schaubild 7 die Preisentwicklung einzelner Güterkategorien seit 2002. Es ergibt sich ein sehr differenziertes Bild. Zum einen kann man einen deutlichen Anstieg bei Preisen von Flüssigkraftstoffen und Heizöl feststellen. Auch die Preise für Tabakwaren haben seit 2002 kräftig zugenommen. Überdurchschnittliche Preisanstiege lassen sich zudem bei Restaurants und Cafés verzeichnen. Dem gegenüber stehen deutlich unterdurchschnittliche Preisanstiege bei einigen Lebensmitteln, PKWs und Pauschalreisen. Und auch die Preise für einige Elektroartikel sind im Zeitraum seit 2002 stark zurückgegangen.

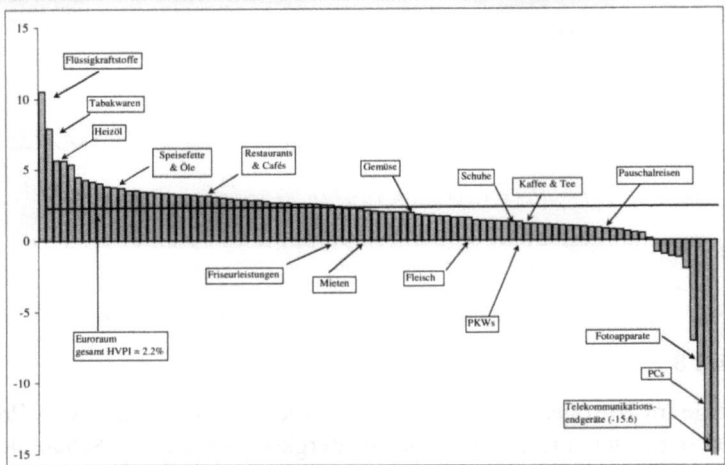

Quelle: Eurostat, EZB Berechnungen

Schaubild 7

Die Forschung hat verschiedene Gründe für den Ruf des Euro als „Teuro" ermittelt (EZB 2007b). Generell lässt sich feststellen, dass Menschen Preissteigerungen subjektiv stärker wahrnehmen als Preissenkungen. Einige Belege lassen sich auch für das Argument finden, dass Menschen Preisänderungen bei häufig erworbenen Produkten subjektiv intensiver wahrnehmen als bei seltener gekauften Produkten. Nach diesem Argument „spüren" Privatpersonen die Preiserhöhung bei Öl- und Tabakprodukten mehr als die Preissenkungen bei den weniger häufig gekauften Elektroartikeln.

Eine weitere Begründung könnte darin liegen, dass viele Menschen die heutigen Preise in Euro mit historischen DM-Preisen von 2001 oder aus noch früheren Zeiten vergleichen und dabei übersehen, dass die Preise bei einer durchschnittlichen Preissteigerungsrate von 2 % im Jahr im Schnitt seit dem Jahr 2001 kumuliert um fast 13 % gestiegen sind. Insgesamt gibt es somit einige Anhaltspunkte dafür, dass solche psychologische Faktoren die subjektive Wahrnehmung der Inflation durch die Konsumenten seit 2002 in erheblichem Maße beeinflusst haben.

Inflation – Vergleich mit den USA

		Mittelwert		Standardabweichung	
		Euroraum	USA	Euroraum	USA
Inflationsrate					
(% zum Vorjahr)	1970er	8.1	7.1	2.4	2.7
	1980er	6.4	5.6	3.6	3.5
	1990-1998	2.8	3.1	1.1	1.1
	1999-2006	2.0	2.7	0.5	0.8
Langfristige Inflationserwartungen					
(% zum Vorjahr)	1970er				
	1980er				
	1990-1998	2.8	3.5	0.4	0.5
	1999-2006	1.9	2.5	0.1	0.1

Quellen: Eurostat, BIZ, Consensus Economics, EZB Berechnungen

Anmerkung: Standardabweichungen beziehen sich auf monatliche Preisänderungen zum Vorjahr. Die halbjährlich veröffentlichten Zahlen zu Inflationserwartungen werden in den zwischen zwei Veröffentlichungszeitpunkten liegenden Monaten als konstant angenommen.

EUROPEAN CENTRAL BANK

Schaubild 8

Die Erfolge im Eurogebiet im Hinblick auf die Gewährleistung von Preisstabilität lassen sich auch im internationalen Vergleich erkennen. Schaubild 8 zeigt, dass die Inflationsraten im Euro-Währungsgebiet inzwischen deutlich unter denen in den USA liegen. Das Gleiche gilt für die langfristigen Inflationserwartungen. Dieses Bild steht im Gegensatz zu der Situation in den Siebziger- und Achtzigerjahren, in denen die Vereinigten Staaten geringere Stabilitätsdefizite als der Euroraum aufwiesen. Mit anderen Worten: Auch wenn der Rückgang der Inflation in den letzten 15 Jahren ein internationales Phänomen ist, so hat sich doch die relative Position des Euro-Währungsgebiets in dieser Hinsicht verbessert.

Insgesamt lässt sich also eine sehr positive Zwischenbilanz im Zusammenhang mit dem Erreichen der Preisstabilität ziehen. Die EZB konnte die Inflation niedrig und stabil halten, trotz stark gestiegener Ölpreise. Gleichzeitig hat sie es geschafft, die langfristigen Inflationserwartungen auf einem Niveau zu verankern, das im Einklang mit ihrer Definition von Preisstabilität steht.

3 Fiskalpolitik, Risikoprämien und Zinsniveau

Auch im Bereich der Fiskalpolitik wurden Fortschritte erzielt. Schaubild 9 zeigt deutlich, dass es seit etwa Mitte der Neunzigerjahre zu einem fiskalischen Regimewechsel gekommen ist. In den Achtziger- und zu Beginn der Neunzigerjahre schwankten die durchschnittlichen Haushaltsdefizite im Euroraum noch zwischen 3 % und 5 % des Bruttoinlandsprodukts (BIP). Gleichzeitig stieg der Schuldenstand, in Prozent des BIP gemessen, kontinuierlich und verdoppelte sich ungefähr zwischen 1980 und 1996. Im Gegensatz dazu schwanken seit 1997 die Defizite im Durchschnitt „nur noch" zwischen 1 % und 3 % des BIP, und die Schuldenquote konnte stabilisiert bzw. sogar leicht gesenkt werden.

Diese höhere fiskalische Solidität ist nicht unwesentlich auf die fiskalischen Regeln zurückzuführen, die im Zusammenhang mit der Wirtschafts- und Währungsunion eingeführt wurden. Erstens waren die Konvergenzkriterien des Maastricht-Vertrags sicherlich maßgeblich daran beteiligt, dass das durchschnittliche Defizit bis 1997 auf unter 3 % des BIP gesenkt wurde, da bei einer Überschreitung des Referenzwerts von 3 % die Teilnahme eines Landes an der Wirtschafts- und Währungsunion grundsätzlich nicht möglich gewesen wäre. Zweitens ist der Erfolg auch auf den Stabilitäts- und Wachstumspakt zurückzuführen, der seit 1998/99 in Kraft ist und vorbeugende und präventive Maßnahmen (im Extremfall bis hin zu finanziellen Sanktionen) vorsieht, um gesunde Staatsfinanzen in den Mitgliedstaaten sicherzustellen.

Trotz dieses Fortschritts im fiskalischen Bereich muss man auch festhalten, dass die Kernvorgabe des Stabilitäts- und Wachstumspakts, nämlich mittelfristig einen ausgeglichenen Haushalt oder einen Haushaltsüberschuss aufzuweisen, bis heute in vielen Ländern nicht erreicht wurde (Schaubild 10). Diese Vorgabe, die u. a. dazu dient, eine hinreichende Sicherheitsmarge gegen die Überschreitung der 3 %-Grenze im Konjunkturverlauf einzuhalten, wird bis heute nur von einigen, insbesondere kleineren, Ländern erreicht.

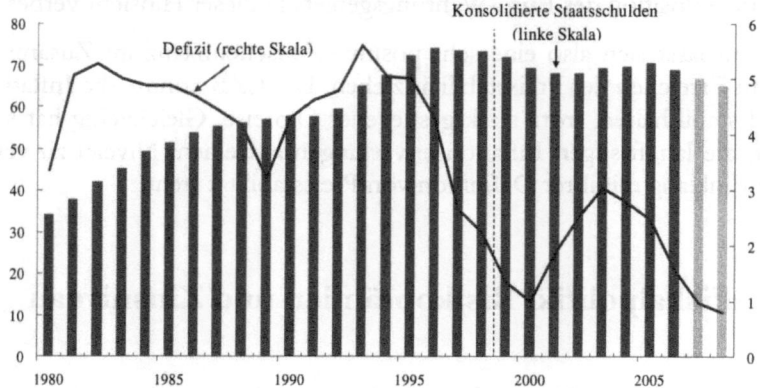

Quellen: Europäische Kommission, EZB Berechnungen

Anmerkung: Die Defizitzahlen berücksichtigen nicht die Einnahmen aus UMTS-Lizenzen, die im Jahr 2000 besonders signifikant waren (1,1% des BIP). Die Zahlen für 2007-2008 stammen aus der Prognose der Europäischen Kommission.

Schaubild 9

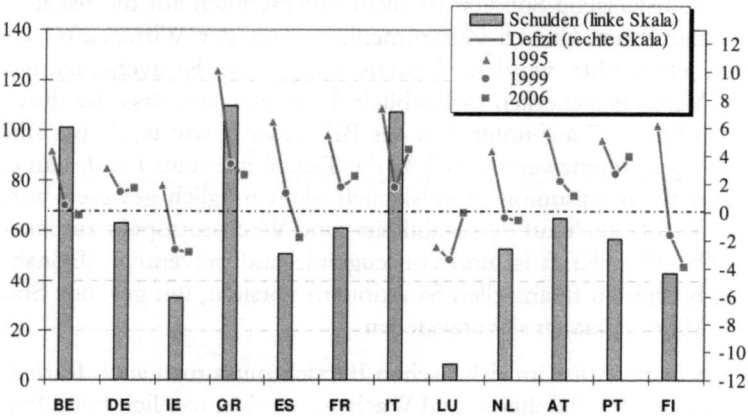

Quellen: Europäische Kommission, EZB Berechnungen

Schaubild 10

Im Bereich der weiterhin in nationaler Verantwortung liegenden Fiskalpolitik ist es also wichtig, die Ergebnisse nach Ländern zu differenzieren. Nichtsdestotrotz lässt sich für den Euroraum als Ganzen feststellen, dass sich die fiskalische Solidität insgesamt durch die Wirtschafts- und Währungsunion erhöht hat. Diese Tatsache hat in Verbindung mit dem stabileren geldpolitischen Umfeld wahrscheinlich auch zum Rückgang der in den Langfristzinsen enthaltenen Risikoprämien in der Wirtschafts- und Währungsunion beigetragen. Schaubild 11 zeigt hier exemplarisch eine Maßgröße für eine Risikoprämie, die von Mitarbeitern der EZB entwickelt wurde (Kremer/Werner 2006). Diese Maßgröße zeigt für die Zeit seit Beginn der Wirtschafts- und Währungsunion im Jahr 1999 deutlich niedrigere Risikoprämien auf 10-jährige Staatsanleihen.

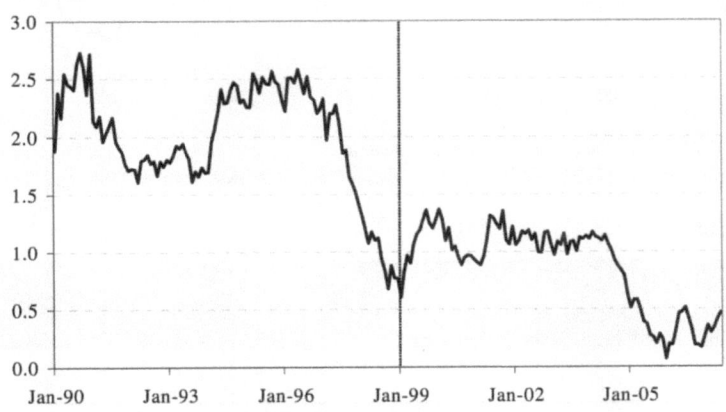

Risikoprämien im Euroraum
(Laufzeitprämien 10-jähriger Staatsanleihen, nominal, in Prozentpunkten)

Quellen: Reuters, EZB Berechnungen

EUROPEAN CENTRAL BANK

Schaubild 11

Der Rückgang der Risikoprämien lässt sich auch im Realzinsniveau ablesen (Schaubild 12). Sowohl im langfristigen als auch im kurzfristigen Bereich sind die realen Zinssätze seit Beginn der Wirtschafts- und Währungsunion deutlich unter das Niveau der Achtziger- und Neunzigerjahre gefallen. Dies lässt sich so interpretieren, dass Wirtschaftsakteure heute einen viel geringeren Risikoaufschlag als früher verlangen, um sich langfristig gegen makroökonomische Risiken abzusichern. Wie bereits erwähnt, ist dies sicherlich ein Verdienst der stärkeren Stabilitätsorientierung sowohl der Geld- als auch der Fiskalpolitik. Einen weiteren Faktor dürfte außerdem der Wegfall des Wechselkursrisikos innerhalb der Wirtschafts- und Währungsunion darstellen. In früheren Jahrzehnten trugen Wechselkursrisiken nämlich erheblich dazu bei, dass einige Länder der WWU deutlich höhere Zinsniveaus als z. B. Deutschland verzeichneten.

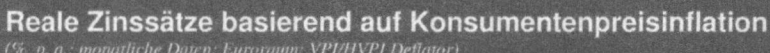

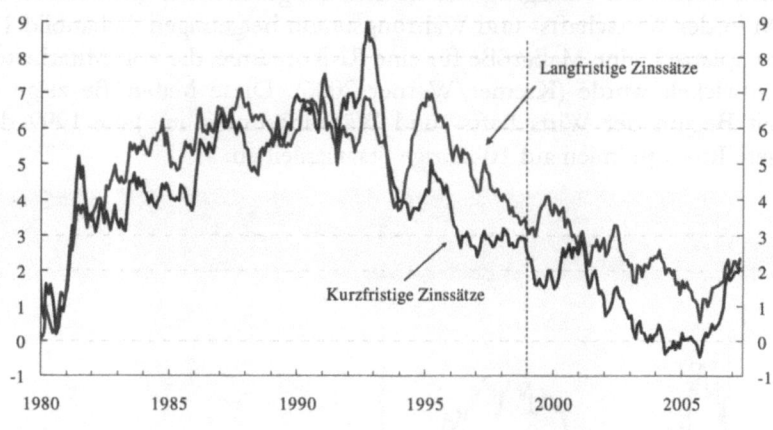

Quellen: NZB, Global Financial Data, BIZ, Reuters, EZB

Schaubild 12

Historische Realzinssätze
(% p. a.; monatliche Daten; Zinssätze für Deutschland in Klammern)

	Mittelwert		Minimum		Maximum	
Kurzfristige Zinssätze (3-monatiger EURIBOR seit 1999)						
1970s	-0.5	(1.9)	-5.4	-(2.3)	3.6	(8.0)
1980s	4.3	(4.1)	0.1	(1.3)	6.9	(7.8)
1990s	4.5	(3.6)	1.5	(1.3)	9.1	(6.5)
1990-1998	4.8	(3.8)	2.4	(1.3)	9.1	(6.5)
1999 - April 2007	1.1	-	-0.4	-	2.9	-
Intervall aktueller Indikatoren [1]	2.2 - 2.2					
Langfristige Zinssätze (Rendite 10-jähriger Staatsanleihen)						
1970s	0.3	(3.2)	-3.8	(1.7)	3.9	(5.4)
1980s	4.9	(4.8)	0.0	(2.4)	7.1	(7.8)
1990s	5.2	(4.5)	3.0	(2.8)	7.0	(6.8)
1990-1998	5.4	(4.6)	3.2	(2.8)	7.0	(6.8)
1999 - April 2007	2.4	-	0.6	-	4.1	-
Intervall aktueller Indikatoren [1]	2.5 - 2.5					

1) Mittelwert der Zinssätze im Mai 2007 preisbereinigt mit aktuellem HVPI, HVPI-X (ohne Energie und unverarbeitete Nahrungsmittel) und Consensus Prognose.

Quellen: NZB, Global Financial Data, BIZ, Reuters, Consensus Economics, Eurostat, EZB

Schaubild 13

Aus dem Vorangehenden ergibt sich zweierlei: Erstens konnte seit 1999 ein höherer Grad an Preisstabilität erzielt werden als in den Jahren zuvor, da die Inflationsrate deutlich gesenkt werden konnte (siehe Schaubild 3) und zweitens konnte dies mit niedrigeren Realzinsen als früher erreicht werden. Dies ist eine grundlegende Errungenschaft, die zu deutlich verbesserten Finanzierungsbedingungen für private Investitionen im Eurogebiet beigetragen hat. Letztlich dürfte dies der eindrucksvollste Beweis dafür sein, dass höhere Preisstabilität nachhaltig zu höherem Wachstum beiträgt.

Schaubild 13 veranschaulicht diesen Punkt nochmals. Es zeigt, dass die realen Zinsen heute deutlich unter denen der Achtziger- und Neunzigerjahre liegen. Aus ihm geht allerdings auch hervor, dass die Realzinsen in den Siebzigerjahren noch niedriger waren, als dies seit 1999 der Fall ist. Doch müssen wir in diesem Zusammenhang in Erinnerung rufen, dass in den Siebzigerjahren die Zinsen zu niedrig waren, um Preisstabilität zu gewährleisten, wie uns die sich stark beschleunigende Inflation in Schaubild 1 vor Augen geführt hat. So gesehen verdeutlicht Schaubild 13 nochmals nachdrücklich die Schwierigkeit für eine Zentralbank, das richtige Zinsniveau zur Erreichung von Preisstabilität in Abhängigkeit von den jeweils geltenden Rahmenbedingungen zu finden.[4]

4 Arbeitsmarkt

Werfen wir nun einen Blick auf den Arbeitsmarkt. Schaubild 14 verdeutlicht die starke Zunahme der Arbeitslosigkeit seit 1970. Klar erkennbar wird hier wiederum der Einfluss der verschiedenen Ölpreisschocks (1973/74, 1979/80, 1990), die immer wieder – mit einer Zeitverzögerung von etwa ein bis zwei Jahren – zum Anstieg der Arbeitslosenquote beitrugen. Das Schaubild illustriert auch eindrücklich die Sperrklinkeneffekte im Verlauf der Arbeitslosigkeit. Bis auf einen kurzzeitigen Rückgang in den frühen Neunzigerjahren ging die Kurve der Arbeitslosenquote bis Mitte der Neunzigerjahre kontinuierlich nach oben.

Seit 1995 zeichnen sich allerdings erste Anzeichen einer Trendwende ab. Im Konjunkturabschwung zu Anfang dieses Jahrhunderts lag die Arbeitslosigkeit in der Spitze bereits deutlich unter dem Höhepunkt der Neunzigerjahre. Ein solcher Trendrückgang ist auch aus theoretischen Konzepten wie der NAIRU (Non-Accelerating Inflation Rate of Unemployment) ersichtlich. Die NAIRU kann als Maßgröße für die inflationsneutrale Arbeitslosenquote aufgefasst werden, also als Maß für ein lokales Gleichgewicht auf dem Arbeitsmarkt. Schaubild 15 zeigt in der linken Hälfte, dass verschiedene Schätzungen für die NAIRU im

---

[4] Zur Diskussion über den natürlichen Realzins im Euro-Währungsgebiet, siehe EZB 2004b.

Eurogebiet seit 1995 einen Trendrückgang aufweisen. Dies deutet auf strukturelle Fortschritte bei der Bekämpfung der Arbeitslosigkeit im Euroraum hin.

Die rechte Hälfte von Schaubild 15 deutet jedoch darauf hin, dass es hier von Land zu Land große Unterschiede gibt. Die Niederlande konnten die NAIRU nach den Ölpreisanstiegen in den Siebzigerjahren bereits ab Mitte der Achtzigerjahre wieder senken und liegen heute mit ihrer strukturellen Arbeitslosigkeit weit unter der anderer Länder. Während in Spanien, Frankreich und Italien die NAIRU seit den späten Neunzigerjahren rückläufig zu sein scheint, lassen sich für Deutschland erst in jüngster Zeit Fortschritte feststellen. Dies kann sicherlich als Anzeichen dafür gedeutet werden, dass in Deutschland notwendige Reformen auf dem Arbeitsmarkt viel später einsetzten als in den anderen Ländern.

Das Schaubild verdeutlicht die Rolle nationaler Faktoren auf dem Arbeitsmarkt. Die Niederlande scheinen ihr Arbeitslosigkeitsproblem weitaus früher angegangen zu haben als ihre Nachbarn. Die Bedeutung nationaler Politik für den Arbeitsmarkt wird insbesondere dann deutlich, wenn man sich in Erinnerung ruft, dass die Niederlande und Deutschland seit Anfang der Achtzigerjahre eine feste Wechselkursbeziehung und ein nahezu identisches Zinsniveau aufweisen. Der Vergleich der Arbeitslosigkeit in den beiden Ländern widerlegt damit eindrucksvoll die manchmal angeführte These, die hohe Arbeitslosigkeit in Deutschland sei auf „zu hohe Zinsen" zurückzuführen.

Die Fortschritte auf den Arbeitsmärkten lassen sich auch in den Zahlen für die Erwerbstätigkeit ablesen (Schaubild 16). Im Euro-Währungsgebiet ist das Beschäftigungswachstum seit 1999 deutlich höher als in den acht Jahren vor Einführung des Euro. Auch in Deutschland sieht man eine Verbesserung, nachdem im Gefolge des Wiedervereinigungsbooms 1990/91 über Jahre hinweg ein Beschäftigungsrückgang zu verzeichnen war. Die stärkste Verbesserung seit 1999 ist in Spanien, Italien und Finnland zu verzeichnen. Schaubild 16 zeigt auch die Ausnahmestellung von Irland, das seit 1991 ein deutlich höheres Beschäftigungswachstum aufweist als die übrigen Länder des Euroraums.

Betrachtet man die absoluten Zahlen (Schaubild 17), so ergibt sich ein imposantes Bild. Seit Einführung des Euro im Jahr 1999 sind über 13 Millionen Arbeitsplätze geschaffen worden, verglichen mit nur 2 Millionen in den acht Jahren zuvor. Seit 1999 wurden im Eurogebiet damit mehr Arbeitsplätze geschaffen als in den USA. Die Arbeitslosenquote ist seit 1998 um 3 Prozentpunkte gesunken und liegt Mitte 2007 wieder auf dem Niveau von 1981. Allerdings, und dies geht auch aus Schaubild 17 hervor, ist die Arbeitslosenquote im Euroraum noch immer deutlich höher als in den Vereinigten Staaten.

Arbeitslosigkeit
(in % der Erwerbspersonen; saisonbereinigt; Euroraum)

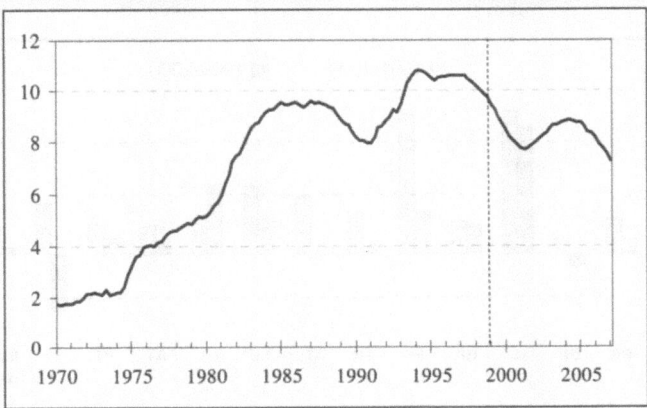

Quellen: Eurostat, EZB (AWM)

EUROPEAN CENTRAL BANK

Schaubild 14

Non Accelerating Inflation Rate of Unemployment (NAIRU)
(in % der Erwerbspersonen)

NAIRU-Schätzungen für den Euroraum

Mittelwerte von NAIRU-Schätzungen für die fünf größten Euro-Länder

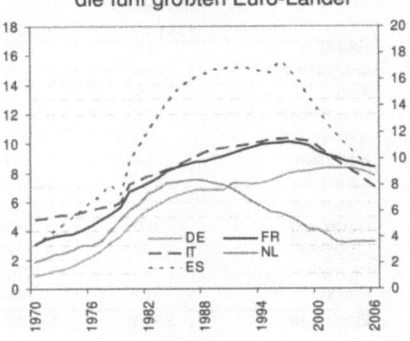

Quellen: Europäische Kommission, IWF, OECD, EZB
Anm.: Die NAIRU-Zahlen für einzelne Länder (rechtes Schaubild) sind Durchschnittwerte der Schätzungen von IWF, OECD und Europäischer Kommission.

EUROPEAN CENTRAL BANK

Schaubild 15

Veränderungen der Erwerbstätigkeit in einzelnen Euro-Ländern *(durchschnittliche Änderungen zum Vorjahr in %)*

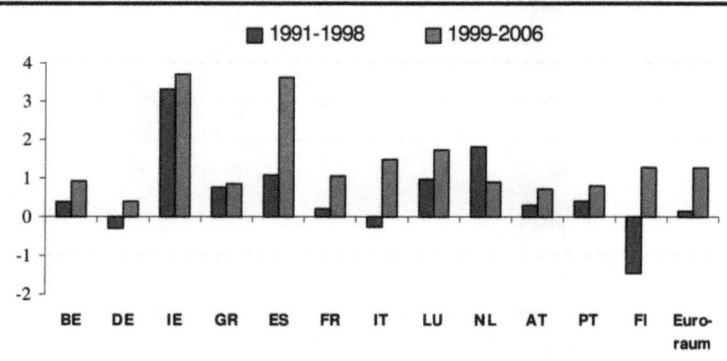

Quellen: Eurostat, Europäische Kommission, EZB Berechnungen

EUROPEAN CENTRAL BANK

Schaubild 16

Beschäftigungszuwachs und Arbeitslosigkeit

	Beschäftigungszuwachs (Tsd. Erwerbstätige)		Arbeitslosigkeit (in %, Eurostat Def.)		
	Veränderung 1991-1998	Veränderung 1999-2006	Mittelwert 1991	Mittelwert 1998	Mai 2007
Belgien	115	299	6.4	9.3	7.3
Deutschland	-710	1,195	5.4	8.8	6.6
Irland	346	513	14.7	7.5	4.1
Griechenland	225	270	7.1	10.8	8.6
Spanien	1,131	4,916	13.0	15.0	8.2
Frankreich	364	2,008	9.0	11.1	8.7
Italien	-357	2,502	8.5	11.3	6.2
Luxemburg	50	81	1.6	2.7	4.8
Niederlande	1,043	568	5.5	3.8	3.2
Österreich	84	213	3.4	4.5	4.3
Portugal	144	316	4.2	5.1	7.9
Finnland	-288	239	6.6	11.4	6.6
Euroraum	**2,114**	**13,120**	**7.7**	**10.0**	**7.0**
zum Vergleich:					
USA	18,294	9,911	6.7	4.5	4.5

Quellen: Eurostat, Europäische Kommission, EZB Berechnungen
Anm.: Zahlen zum Beschäftigungszuwachs in Deutschland ab 1992. Die Monatszahlen sind saisonbereinigt.

EUROPEAN CENTRAL BANK

Schaubild 17

Das stärkere Beschäftigungswachstum ist auf eine Vielzahl von Faktoren zurückzuführen (EZB 2007a). Erstens hat es in einer Reihe von Ländern Arbeitsmarktreformen gegeben, die die Flexibilität der Beschäftigungsverhältnisse erhöht haben. So haben z. B. verbesserte Möglichkeiten zur Aufnahme von Teilzeitarbeit und zeitlich befristeter Arbeit die Risiken für Arbeitgeber verringert, ihre Mitarbeiterzahl im Konjunkturaufschwung zu erhöhen. Zweitens hat es auch Maßnahmen gegeben, die Arbeitsanreize für Arbeitsuchende zu stärken. Beispiele hierzu finden sich in vielen Ländern in Form strikterer Bestimmungen im Bereich der sozialen Absicherung und effizienterer Steuersysteme.

Über den Einfluss der WWU auf die Zunahme der Beschäftigung lässt sich nur spekulieren. Ein möglicher Wirkungskanal könnte darin bestehen, dass die erhöhte Stabilität des gesamtwirtschaftlichen Umfelds die Planungsgrundlagen für die Privatwirtschaft verbessert hat. Ein zweiter möglicher Wirkungskanal kann darin liegen, dass durch die Wirtschafts- und Währungsunion die Möglichkeit von Wechselkursanpassungen zwischen den teilnehmenden Ländern weggefallen ist. Ein Fehlverhalten bei der nationalen Lohnpolitik ist deshalb nicht mehr durch eine Abwertung der Währung zu korrigieren, und dies könnte zu mehr Wettbewerbsorientierung bei den Tarifabschlüssen geführt haben.

Schaubild 18 verdeutlicht, dass sich seit Mitte der Neunzigerjahre tatsächlich ein Regimewechsel im Lohnverhalten abgezeichnet hat. Das jährliche Wachstum der Lohnstückkosten in der Periode seit 1994 schwankt im Bereich von 0 % bis 2 % pro Jahr und liegt damit deutlich niedriger als in den vorangegangenen 25 Jahren. Diese höhere Stabilitätsorientierung der Lohnabschlüsse steht im Einklang mit der These eines gestiegenen Verantwortungsbewusstseins der Tarifpartner für den Erhalt der Arbeitsplätze in einer Wirtschafts- und Währungsunion.

Natürlich gibt es aber weiterhin massive Probleme in den Arbeitsmärkten der Länder des Euro-Währungsgebiets. Wie bereits erwähnt, ist die Arbeitslosenquote im Euroraum im internationalen Vergleich noch immer sehr hoch. Schaubild 19 zeigt auch, dass die Erwerbsquote im Eurogebiet nach wie vor unter der der Vereinigten Staaten liegt. Während für Frauen und Männer im Alter zwischen 25 bis 54 Jahren keine Defizite im Vergleich mit den USA mehr nachweisbar sind, ergibt sich immer noch ein großes Defizit in der Erwerbsquote von älteren Menschen sowie bei Jugendlichen. Auch wenn es seit 1995 Fortschritte gerade im Bereich der Beschäftigung älterer Arbeitnehmer gegeben hat, so ist der Abstand zu den Vereinigten Staaten nach wie vor sehr groß.

Die niedrigere Erwerbsquote im Euroraum ist zum Teil sicherlich auf geringere Arbeitsanreize zurückzuführen. Schaubild 20 zeigt verschiedene Maßgrößen für finanzielle Anreize, von der Arbeitslosigkeit in die Erwerbstätigkeit zu wechseln oder von einem niedrigeren Lohn zu einem höheren Lohn zu wechseln, oder vom Alter von 60 Jahren zum Alter von 65 Jahren weiterzuarbeiten. Es ist offensichtlich, dass die finanziellen Arbeitsanreize im Eurogebiet geringer sind als in den Vereinigten Staaten und dass insbesondere für 60-jährige deutlich geringere

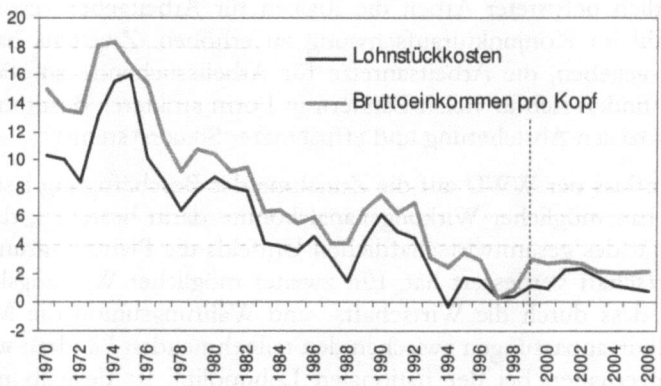

Lohnwachstum im Euroraum
(in % zum Vorjahr)

Legend:
— Lohnstückkosten
— Bruttoeinkommen pro Kopf

Quellen: Eurostat, EZB Berechnungen

EUROPEAN CENTRAL BANK

Schaubild 18

Erwerbsquote im Euroraum und in den USA
(Verhältnis der Erwerbstätigen und Arbeitslosen in Prozent der Bevölkerung im erwerbsfähigen Alter)

Erwerbsquote im Euroraum und in den USA nach Geschlecht und Altersgruppen

		Euroraum		USA	
		Rate	Veränderung	Rate	Veränderung
	Alter	2006	1995-2006	2006	1995-2006
		%	%-Pkt.	%	%-Pkt.
Total	15-64	70.4	5.1	75.5	-1.5
Männer	25-54	93.0	0.2	90.6	-1.1
Frauen	25-54	75.5	8.8	75.5	-0.4
Ältere	55-64	44.1	8.8	60.6	5.7
Jugendliche	15-24	44.8	0.4	63.7	-5.5

Legende
- vergleichbar oder besser als in den USA
- deutliche Verbesserung
- Nachholbedarf

Quellen: Eurostat (LFS), U.S. Bureau of Labor Statistics
Anm.: Daten für den Euroraum basieren auf Wellen des Labour Force Surveys im 2. Quartal

EUROPEAN CENTRAL BANK

Schaubild 19

Steuer- und Sozialsysteme: Anreize zur Erwerbstätigkeit
(Strukturindikatoren zur Veränderung von Arbeitsanreizen)

	Euroraum		USA	
	%	Veränderung %-Pkt.	%	Veränderung %-Pkt.
"Abgabenschere" [a]	2005	2000-2005	2005	2000-2005
Verheiratetes Paar, 1 Verdiener, 2 Kinder	31.3	-1.7	11.9	-4.0
(100% des Durchschnittseinkommens)				
Verheiratetes Paar, 2 Verdiener, keine Kinder	38.1	-1.7	26.7	-1.1
(100% bzw. 33% des Durchschnittseinkommens)				
Single, keine Kinder	37.8	-1.6	26.7	-0.5
(67% des Durchschnittseinkommens)				
	2005	2001-2005	2005	2001-2005
"Niedriglohnfalle" [b]	42.7	1.7	31.0	-3.0
	2003	1993-2003	2003	1993-2003
Frühverrentung				
Impliziter Steuersatz auf Weiterarbeit von 60-65 [c]	49.8	-18.2	12.8	6.5
	2005	2001-2005		
Durchschnittliches Renteneintrittsalter [d]	60.7	0.8		

Anm.: Ungewichtete Mittelwerte. a) Einkommenssteuer plus Arbeitnehmer- und Arbeitgeberbeitrag zur Sozialversicherung minus Geldleistungen in % der Arbeitskosten. b) Prozentsatz des Bruttoverdienstes, der durch höhere Steuern und niedrigere Zuwendungen bei der Annahme einer höher bezahlten Arbeit verloren geht. Berechnet für einen allein stehenden Verdiener ohne Kinder, der von 33% zu 67% des durchschnittlichen Verdienstes eines Produktionsarbeiters wechselt. c) Durchschnittliche jährliche Änderung des Barwerts der zukünftigen Einkünfte aus den Pensionskassen ohne zusätzliche Beitragszahlungen durch Verschiebung des Renteneintrittsalters von 60 auf 65. Annahme eines allein stehenden Verdieners mit durchschnittlichem Einkommen. Ohne Griechenland und Österreich. d) Eurostat Schätzung.
Quellen: OECD, Eurostat, EZB Berechnungen

EUROPEAN CENTRAL BANK

Schaubild 20

Steuer- und Sozialsysteme: Leistungen bei Arbeitslosigkeit
(Strukturindikatoren zur Veränderung der Leistungen bei Arbeitslosigkeit)

	Euroraum		USA	
	%	Veränderung %-Pkt.	%	Veränderung %-Pkt.
Arbeitslosenunterstützung	2004	2001-2004	2004	2001-2004
Netto-Ersatzleistung [a]				
Verheiratetes Paar, 1 Verdiener, 2 Kinder				
(67% des Durchschnittseink.), Beginn der Arbeitslosigkeit [b]	80.0	-0.8	51.0	-2.0
Verheiratetes Paar, 1 Verdiener, 2 Kinder				
(67% des Durchschnittseink.), Langzeitarbeitslosigkeit [c]	72.0	-1.0	48.0	-3.0
	2005	2001-2005	2005	2001-2005
"Arbeitslosigkeitsfalle" [d]	77.2	1.7	70.0	0.0

Anm.: Ungewichtete Mittelwerte. a) Anteil des Nettoeinkommens, das beim Eintritt von Arbeitslosigkeit erhalten bleibt. b) Nach Steuern und inklusive Arbeitslosenunterstützung, Sozialhilfe, Familien- und Wohngeld zu Beginn der Arbeitslosigkeit (u.U. nach Wartezeit). Kinder sind 4 und 6 Jahre alt und weder Kindergeld noch Unterhaltskosten für Kinder wurden berücksichtigt. c) Nach Steuern und inklusive Arbeitslosenunterstützung, Sozialhilfe, Familien- und Wohngeld zu Beginn der Arbeitslosigkeit im 60. Monat des Leistungsempfangs. Kinder sind 4 und 6 Jahre alt und weder Kindergeld noch Unterhaltskosten für Kinder wurden berücksichtigt. d) Prozentsatz des Bruttoverdienstes, der durch höhere Steuern und Sozialversicherungsbeiträge sowie Wegfall von Zuwendungen bei der Annahme einer Arbeit durch eine vorher arbeitslose Person verloren geht. Annahme eines allein stehenden Verdieners mit 67% des durchschnittlichen Verdienstes eines Produktionsarbeiters (Vollzeit) im Fertigungssektor.
Quellen: OECD, Eurostat, EZB Berechnungen

EUROPEAN CENTRAL BANK

Schaubild 21

Anreize bestehen, weiter einer Erwerbstätigkeit nachzugehen. Aber die Tabelle zeigt auch, dass sich seit 2000 einige Verbesserungen ergeben haben, insbesondere bei den Anreizen zur Weiterarbeit für ältere Menschen.

Auch im Hinblick auf die Arbeitslosigkeitsleistungen existieren im Euroraum geringere Anreize, einer Beschäftigung nachzugehen als in den USA (Schaubild 21).

Insgesamt gesehen ergibt sich für den Euroraum also eine gemischte Bilanz zum Arbeitsmarkt. Einerseits ist das Beschäftigungswachstum, begünstigt durch Strukturreformen und Lohnzurückhaltung, deutlich gestiegen. Andererseits ist im internationalen Vergleich die Arbeitslosigkeit noch immer sehr hoch und die Erwerbsquote relativ niedrig. Die Anreize zur Arbeitsaufnahme sind im Euro-Währungsgebiet trotz einiger Fortschritte in den letzten Jahren weiterhin geringer als in den USA, was auf die Notwendigkeit zusätzlicher Reformen im Euroraum hindeutet.

5   Wirtschaftswachstum

Trotz der Zunahme des Beschäftigungswachstums hat sich noch keine Beschleunigung des Wirtschaftswachstums eingestellt. Schaubild 22 zeigt, dass das Wirtschaftswachstum seit 1999 ungefähr gleich hoch war wie in den zwei Jahrzehnten zuvor. Auch die Schwankungen des Sozialprodukts haben sich kaum verändert. Positiv ist allerdings, dass es seit 1999 noch zu keiner Rezession im Euroraum gekommen ist (Schaubild 23). Dies steht im Gegensatz zu früheren Perioden starker Ölpreisschocks, die systematisch mit einer gewissen Zeitverzögerung zur Rezession führten.

Betrachtet man die einzelnen Mitgliedsländer (Schaubild 24), so sieht man deutliche Wachstumssteigerungen insbesondere in Griechenland, Spanien und Finnland. In den ersten beiden Ländern ist dies sicherlich Ausdruck der höheren makroökonomischen Stabilität und der verbesserten Finanzierungsbedingungen für Investitionen. Im Falle Finnlands spielt eine Rolle, dass das Land Anfang der Neunzigerjahre noch eine tiefe Bankenkrise zu verzeichnen hatte und daher in dieser Zeitspanne unterdurchschnittliche Wachstumswerte aufwies.

Ein deutlicher Rückgang des Wirtschaftswachstums 1999 ist nur in Portugal zu verzeichnen. Dieses vor der WWU sicherlich nicht erwartete Ergebnis hat mit den Übersteigerungen in diesem Land gegen Ende der Neunzigerjahre zu tun, die letztlich zu hohen Fiskaldefiziten und Verlusten in der Wettbewerbsfähigkeit führten.[5]

---

[5] Siehe auch EZB 2007c.

Wachstum und Volatilität der Wachstumsraten
(Mittelwerte über ausgewählte Zeiträume)

	Reales BIP	Volatilität [1]
	% zum Vorjahr	*Prozentpunkte*
1970er	3.5	1.8
1980er	2.3	1.2
1990-1998	2.1	1.2
1999-2006	2.1	1.1

[1] Standardabweichung der jährlichen Wachstumsraten zum Vorjahr

Quellen: Eurostat, Europäische Kommission, EZB Berechnungen

EUROPEAN CENTRAL BANK

Schaubild 22

Keine Rezession seit 1999 trotz Ölpreis-Schocks
(Veränderungen des realen BIP zum Vorjahr; saisonbereinigte Quartalszahlen)

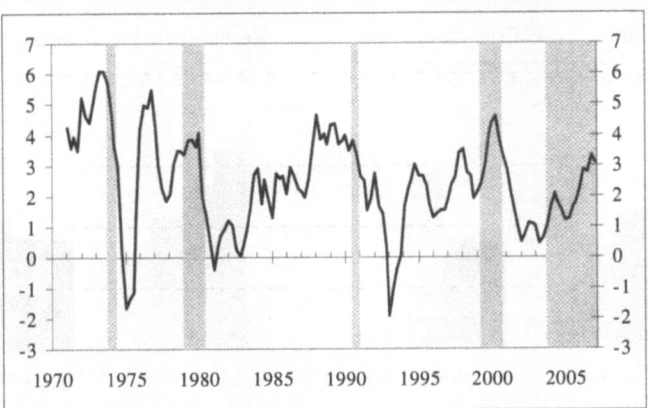

Quellen: Eurostat, EZB (AWM)
Anm.: Perioden mit starkem Anstieg der Rohölpreise sind grau hinterlegt.

EUROPEAN CENTRAL BANK

Schaubild 23

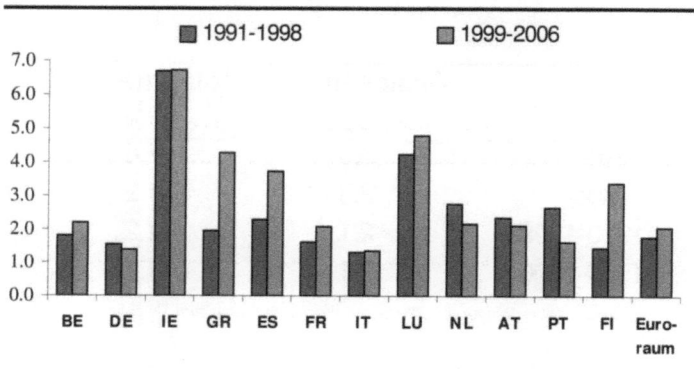

Quellen: Eurostat, Europäische Kommission, EZB Berechnungen
Anm.: Daten für Deutschland und den Euroraum erst ab 1992.

Schaubild 24

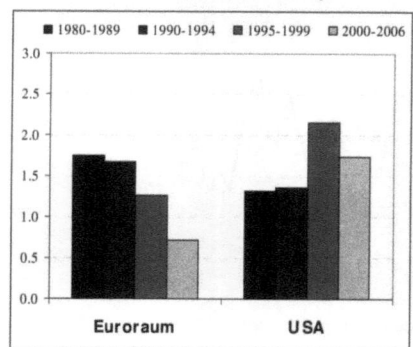
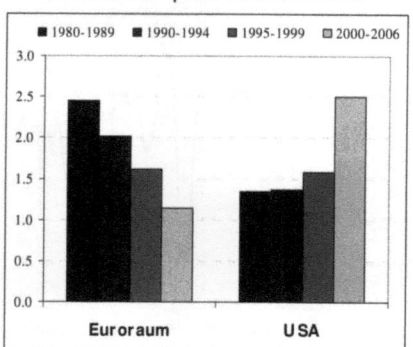

Quellen: Europäische Kommission, Groningen GDC, EZB Berechnungen

Schaubild 25

Wie konnte es dazu kommen, dass das Wirtschaftswachstum trotz des gestiegenen Beschäftigungswachstums nicht kräftiger ausfiel? Die Antwort ist in der gesunkenen Wachstumsrate der Arbeitsproduktivität zu finden. Schaubild 25 stellt den Rückgang des Wachstums der Arbeitsproduktivität im Eurogebiet in den letzten Jahren dar. Dieser Rückgang steht in direktem Gegensatz zum deutlich gestiegenen Produktivitätswachstum in den USA.

Wie aus Schaubild 26 hervorgeht, ist der Produktivitätsrückgang in den Ländern des Euro-Währungsgebiets sehr weit verbreitet. Länder wie Spanien und Italien verzeichnen seit 1999 fast kein Produktivitätswachstum.[6]

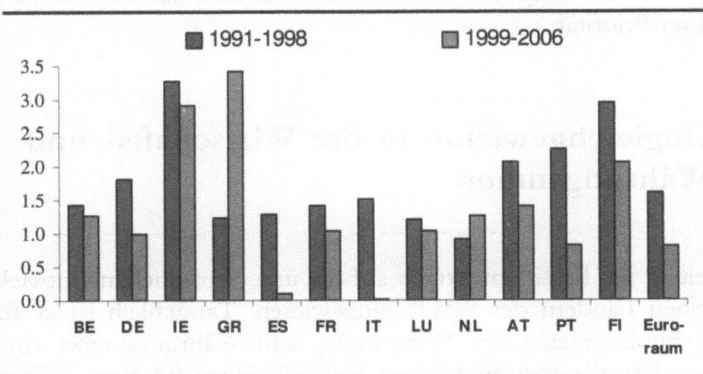

Produktivitätswachstum in einzelnen Euro-Ländern
(durchschnittliche Änderungen der Arbeitsproduktivität zum Vorjahr in %)

Quellen: Eurostat, Europäische Kommission, EZB Berechnungen

EUROPEAN CENTRAL BANK

Schaubild 26

Das geringe Produktivitätswachstum im Euroraum ist die Folge verschiedener Faktoren. Erstens ist es zum Teil auf das hohe Beschäftigungswachstum und die Integration niedrig qualifizierter Arbeitskräfte zurückzuführen. Dies sieht man insbesondere im Fall von Spanien und Italien, in denen die Einwanderung und statistische Erfassung und Eingliederung gering qualifizierter Arbeitnehmer besonders deutlich zu Buche schlagen. Während dieser Faktor als eine temporäre Begleiterscheinung des positiven Beschäftigungswachstums anzusehen ist, so ist es besorgniserregend, dass das niedrige Wachstum im Eurogebiet zweitens auch auf eine schlechtere Umsetzung von informationstechnologischen Innovationen

---

[6] Die Entwicklung der Arbeitsproduktivität in Griechenland ist stark von einem strukturellen Rückgang der Selbständigen im Agrarsektor bestimmt.

zurückzuführen ist. Es gibt eine Vielzahl von Anzeichen, dass Unternehmen im Euro-Währungsgebiet nicht in gleichem Maße wie Unternehmen in den USA von der IT-Revolution profitiert haben. Dies kann an den größeren Rigiditäten auf den Arbeits- und Gütermärkten in den Ländern des Euroraums liegen, die den Strukturwandel erschweren und notwendige Anpassungsprozesse verlangsamen. Es kann aber auch als ein Anzeichen von fehlendem oder zu niedrigem Wettbewerb in einzelnen Wirtschaftssektoren des Euroraums sowie von nicht ausreichenden Aktivitäten im Bereich von Forschung und Entwicklung gedeutet werden.

Das geringe Produktivitätswachstum im Eurogebiet ist sicherlich die wichtigste wirtschaftspolitische Herausforderung zum gegenwärtigen Zeitpunkt. Die Mitgliedsländer des Euro-Währungsgebiets haben dies im Rahmen der Lissabon-Strategie frühzeitig erkannt. Strukturreformen zur Erhöhung der Flexibilität der Märkte und zur Stärkung des Wettbewerbs innerhalb des Euroraums sind daher von höchster Priorität.

6 Ungleichgewichte in der Wirtschafts- und Währungsunion

Dieser Beitrag hat bereits mehrfach auf die unterschiedlichen Entwicklungen in den einzelnen Ländern der WWU hingewiesen. Tatsächlich ist es für das reibungslose Funktionieren der Wirtschafts- und Währungsunion von höchster Bedeutung, dass die wirtschaftlichen Entwicklungen im Euro-Währungsgebiet hinreichend konvergent sind. Schaubild 27 zeigt in diesem Zusammenhang, dass die Inflationskonvergenz im Euroraum im Vergleich zu den Achtzigerjahren deutlich zugenommen hat und seit 1998 mit der Inflationskonvergenz zwischen 14 Regionen in den Vereinigten Staaten vergleichbar ist. Betrachtet man nur dieses Schaubild, so lässt sich also kein signifikanter Unterschied in den Inflationsdifferenzen innerhalb der beiden Währungsgebiete feststellen.

Eine Besonderheit im Euroraum ist allerdings, dass die Inflationsdifferenzen dauerhafter sind als die innerhalb der USA: Es gibt einige Länder im Eurogebiet, die strukturell eine höhere Inflation als der Durchschnitt aufweisen, während andere Länder regelmäßig eine Rate aufweisen, die unter dem Durchschnitt liegt.

Diese strukturellen Unterschiede sind unproblematisch, wenn sie Aufholprozesse von wirtschaftlich weniger entwickelten Regionen innerhalb der Wirtschafts- und Währungsunion widerspiegeln. Dies ist sicherlich in einigen Ländern gegenwärtig der Fall. Anhaltende Inflationsdifferenzen können aber Anlass zur Sorge geben, wenn sie Ausdruck von Rigiditäten auf den nationalen Märkten darstellen (EZB 2003).

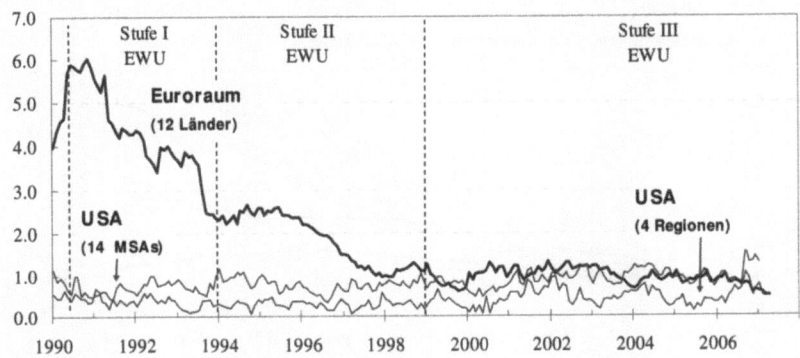

Inflationskonvergenz
(ungewichtete Standardabweichung zwischen jährlichen Inflationsraten, in Prozentpunkten)

Quellen: Eurostat, US Bureau of Labor Statistics, EZB Berechnungen

Anmerkung: Vergleich der Inflationsunterschiede zwischen den Ländern der Währungsunion mit der Streuung von 14 Metropolitan Statistical Areas (MSA) sowie 4 Census Regions der USA.

Schaubild 27

Schaubild 28 verdeutlicht die Persistenz der Inflationsdifferenzen am Beispiel der Lohnstückkosten, die ein wesentlicher Treiber nationaler Preissteigerungsraten sind. Man sieht große Diskrepanzen zwischen den einzelnen Ländern, die in der Spitze kumuliert seit 1998 nahezu 30 % erreichen.

Schaubild 29 zeigt, dass einige der Länder, in denen die Lohnstückkosten seit 1998 besonders stark gestiegen sind (Griechenland, Spanien und Portugal), sehr hohe Leistungsbilanzdefizite aufweisen. Deutschland und Österreich hingegen konnten durch das sehr geringe Lohnstückwachstum seit 1998 ihre preisliche Wettbewerbsfähigkeit im Euro-Währungsgebiet verbessern. Dies schlägt sich in einer verbesserten nationalen Leistungsbilanz nieder.

In einer Wirtschafts- und Währungsunion, in der die preisliche Wettbewerbsfähigkeit nicht mehr über Wechselkursanpassungen ausgeglichen werden kann, sind solche Entwicklungen kritisch zu beobachten. In den betroffenen Ländern müssen Verluste der Wettbewerbsfähigkeit frühzeitig ernst genommen werden, um das Risiko langfristiger Anpassungskrisen so gering wie möglich zu halten.

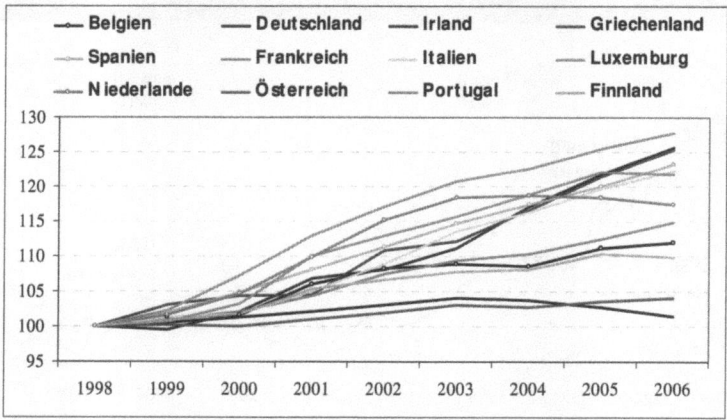

Entwicklung der Lohnstückkosten in einzelnen Euroländern
(Index, 1998 = 100; Gesamtwirtschaft; nominal)

Quellen: Europäische Kommission, Eurostat

EUROPEAN CENTRAL BANK

Schaubild 28

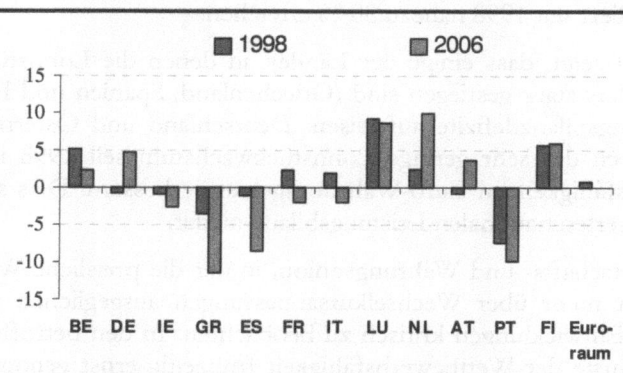

Leistungsbilanz einzelner Euro-Länder
(Überschuss (+)/Defizit (-) in % des nominalen BIP)

Quellen: Eurostat, Europäische Kommission

EUROPEAN CENTRAL BANK

Schaubild 29

Die Bedeutung gleichgewichtiger Prozesse in einer Wirtschafts- und Währungsunion muss auch bei den kommenden Entscheidungen über den Beitritt weiterer
Länder zum Euro-Währungsgebiet im Auge behalten werden. 2007 wurde der
Euro in Slowenien eingeführt, und 2008 werden Malta und Zypern folgen. Für
all diese Länder hatten die Konvergenzberichte der EZB und der Europäischen
Kommission einen hinreichenden Grad von Nachhaltigkeit im Bereich der Preisstabilität und der Solidität der öffentlichen Finanzen konstatiert.

Insbesondere in den Ländern Mittel- und Osteuropas gibt es zurzeit – im Vergleich zum Euroraum – noch deutliche strukturelle Unterschiede in der wirtschaftlichen Entwicklung und der Funktionsweise der Märkte (EZB 2006). Viele
dieser Länder haben daher noch große Herausforderungen auf dem Weg zum
Euro zu meistern. Die nachhaltige Konvergenz im Bereich der Preisstabilität und
solide Staatsfinanzen sind eine wesentliche Voraussetzung für die Einführung
des Euro in weiteren Ländern der Europäischen Union.

7   Zusammenfassung

8 ½ Jahre nach Einführung des Euro lassen sich beachtliche Erfolge feststellen.
Im Bereich der Preisstabilität konnten deutliche Fortschritte erzielt werden.
Auch der Zustand der Staatsfinanzen insgesamt hat sich gegenüber der Lage
Anfang der Neunzigerjahre verbessert, und das bessere Zusammenspiel von
Geld- und Fiskalpolitik sowie der Wegfall der Wechselkursschwankungen innerhalb des Euroraums sind wesentlich mitverantwortlich für geringere Risikoprämien und günstigere Investitionsbedingungen in der Wirtschafts- und Währungsunion als vor Einführung des Euro. Ein weiterer positiver Aspekt der letzten Jahre ist das solide Beschäftigungswachstum.

Diese Erfolge dürfen jedoch nicht darüber hinwegtäuschen, dass noch große
Herausforderungen bestehen. Erstens ist im Bereich der Fiskalpolitik das Ziel,
mittelfristig ausgeglichene Haushalte oder Überschüsse zu erreichen, in vielen
Ländern noch immer nicht erreicht. Zweitens sind in vielen Gebieten Strukturreformen nötig, um das Produktivitätswachstum im Euroraum ankurbeln. Drittens
erfordern die immer noch hohe Arbeitslosigkeit sowie die geringe Erwerbsquote
weitere Anstrengungen zur Flexibilisierung des Arbeitsmarkts und zur Stärkung
der Anreize zur Beschäftigungsaufnahme. Und viertens gibt es anhaltende Wett-
bewerbsschwächen in einigen Ländern der Wirtschafts- und Währungsunion, die
einer genauen Beobachtung bedürfen.

Die Herausforderungen für die Zukunft bestehen also vor allen Dingen im nationalen Bereich, im Bereich der Fiskal- und Strukturpolitik. Die EZB kann weiter
einen wichtigen Beitrag zum reibungslosen Funktionieren der Währungsunion
leisten, indem sie sich konsequent auf ihr Mandat, Preisstabilität zu gewährleis-

ten, konzentriert und dadurch für ein stabiles Umfeld für die nationalen Entscheidungsprozesse sorgt.

Literatur

EZB (2003), Inflation differentials in the euro area: potential causes and policy implications, September 2003.

EZB (2004a), Die Geldpolitik der EZB.

EZB (2004b), Der natürliche Realzins im Euro-Währungsgebiet, Monatsbericht, Mai 2004.

EZB (2006), Konvergenzbericht, Dezember 2006.

EZB (2007a), Strukturelle Entwicklungen an den Arbeitsmärkten des Euro-Währungsgebiets in den letzten zehn Jahren, Monatsbericht, Januar 2007.

EZB (2007b), Gemessene und gefühlte Inflation im Euro-Währungsgebiet, Monatsbericht, Mai 2007.

EZB (2007c), Wachstumsunterschiede im Euro-Währungsgebiet: Ursachen und Auswirkungen, Monatsbericht, April 2007.

Kremer, M. und Werner, T. (2006), „Do Term Premia Affect the Predictive Power of the German Yield Curve for Future Economic Activity?" (26 September 2006). http://ssrn.com/abstract=995774.

Euro: A Story of Glory or Luck? – Comment to Hans-Joachim Klöckers "8 ½ years European monetary policy"

Igor Barenboim[*]

1   Introduction

Dr. Klöckers has provided a brilliant exposition on how the European Monetary Union has facilitated price stability. The goal of my comment is to look at the change in the European monetary policy as only one of the major global developments that have happened in the past decade with consequences to price stability in Europe. From this broader perspective I hope to let the reader qualitatively gauge the importance of the Euro for lower and more stable inflation rates in the Euro Zone.

Among the major economic developments of the past decade we can list (i) a major spurt of world productivity growth; (ii) manufacturing and service outsourcing; (iii) the inclusion of millions of Asian laborers in the world production chain and; (iv) the creation of a savings glut. In my view, the first three developments are positive supply shocks that contribute to lower inflation rates for a

* Igor Barenboim is a Ph.D. Candidate in Economics at Harvard University. His main research interests are Monetary Economics, Political Economics and the Economics of Crime.

given monetary policy. Since inflation expectations are somewhat backward looking, these positive supply shocks may have contributed to anchor expectations at a lower level, shifting down the forward looking Phillips Curve and thereby permitting lower unemployment rates at lower inflation levels.

The European Monetary Union was certainly another step in the same direction, since the ECB was created so that the reputation of pursuing low inflation rates developed along the post-WWII era by the Bundesbank could be exported to other countries. In this way the EMU, among other things, has worked as an anchor for inflation expectations, hence improving the unemployment - inflation trade-off. However, to attribute the success of price stability and of anchoring of expectations exclusively to the change in monetary policy could prove to be a naïve diagnostic that can divert focus of research and jeopardize the preparation for the challenges that European Monetary Policy will probably have to face in the future.

More recently some of the challenges that arose as a price for the past bonanza have started to surface. The inclusion of millions of Asians in the world production chain has cheapened the price of manufacturing goods and services dramatically in the past decade. However, this very same population is now starting to have access to some boons offered by the modern world such as abundant food, transportation and even toilet paper. This new demand for basic materials is already clearly reflected in the recent pattern of commodity prices. For instance, the price of oil has increased five fold in the past five years. A barrel of WTI oil was worth $20 in 2002 and now is negotiated for almost $100. The price pattern for other basic materials including metals, food stuffs and paper/pulp has been similar.

So far, this rise in commodity prices has had very little impact on inflation worldwide. De Gregorio and colleagues at the Central Bank of Chile (2007) have a paper that documents the decrease in pass-through from oil prices to inflation for 34 countries. One of the reasons they suggest to be a driver of this process is the fact that economies became much less intensive on commodities usage. After all, these days the so called industrial countries, have the service sector accounting for the lion share of their GDPs. Another reason that may be yielding an observed lower pass-through from commodity prices to inflation is that other positive supply shocks are hitting the global macro-economy concomitantly, which may jeopardize the identification of the true pass-through in econometric exercises if these other variables are not controlled for.

More specifically in the case of Europe, the appreciation of the Euro has isolated the EMU somewhat from the spike in basic material prices. Furthermore, lower manufacturing prices, higher productivity, outsourcing and the savings glut are still playing a key role in the world macroeconomics. The size of the challenge that lies ahead for European Monetary Policy will be larger the more the shock to commodity prices outweighs the bonanza effects described previously on inflation.

In the monetary policy literature, a shock like the rise of commodity prices, such as the one we are currently experiencing, is denominated cost-push shock. This shock deteriorates the short run trade-off between inflation and unemployment. The current literature suggests that the best monetary policy response to this nature of shock is some kind of inflation forecast targeting approach (see Svensson 1996 and Woodford 2007). This policy recommendation implies that at least in the short run, price stability and low inflation volatility would have to give. Under this policy, the monetary authority accommodates some of the shock via prices in the short run and sets policy rates to conduct inflation rates back to target in the future. The more preoccupied the monetary authority is with output, the longer the time of inflation convergence back to target.

However if the negative cost push shock is persistent, as the one that we are experiencing could be, the amount of optimal shock accommodation via prices may be lower, otherwise prolonged deviations from the inflation target can jeopardize the credibility anchor. In other words, under a persistent cost push shock more economic hardship in the medium run may be necessary to sustain the long term credibility anchor. This is an issue that is due to be politicized and different inflation tastes across the EU nations will rapidly surface with politicians vowing in favor of a larger price accommodation, especially because cost push shocks will affect different nations in different manners.

One major take away from this comment is that the challenges that lie ahead were mitigated by the fact that the Euro was implemented in an era of bonanza, which allowed the ECB to build a large amount of credibility, at a relatively inexpensive cost, that may prove invaluable in the future.

The rest of the comment is structured as follows. In the next section I summarize the main points of Dr. Klöckers' article putting them in perspective with other world macroeconomic developments. In the third section I describe some of the major economic developments of the past decade that may have contributed to price stability in the Euro Zone. Section 4 concludes speculating on challenges for the future of the European monetary policy.

2 Summarizing and commenting on Dr. Klöckers exposition

Dr. Klöckers starts his exposition by showing how the decline of the inflation rate in Europe took place only after the Maastricht treaty was signed. He also points out that by the end of the 1990s the rate of inflation has remained remarkably stable around 2%. In his words:

„Erst nach Abschluss des Maastrichter Vertrags Anfang der Neunzigerjahre hat sich ein dauerhafter Rückgang in den von der EZB für die Preisstabilität definierten Bereich abgezeichnet. Man sieht auch, dass sich nach Beginn der Wirtschafts- und Währungsunion offensichtlich ein Regimewechsel vollzogen hat. Nach einem „Ausrutscher" nach unten in den Jahren 1998/99, als die Ölpreise zeitweise wieder auf unter 10 US-Dollar pro Barrel zurückgegangen waren, zeigt die Inflation seit dem Jahr 2000 eine außergewöhnliche Stabilität in der Nähe einer Jahresrate von 2 %."

Interestingly the 1990s were an era of declining inflation rates globally. Even Latin American countries, well known for absolute disorder in their price systems managed to bring inflation rates to single digits. In the U.S., inflation was also normalized after the tough years of Paul Volker acting as the Fed chairman. Hence looking at inflation developments around the world suggests a common trend.

It looks like an egregious task to quantitatively gauge the importance of the development of monetary institutions for price stability. Though it has probably played a crucial role, the recent increase in productivity due to the IT revolution, the drop in commodity prices and the inclusion of millions of Asian laborers in the world production chain have also played a key role in reducing the level of inflation during the early 1990s. These other major global developments have certainly facilitated the workings of the newly developed monetary institutions.

Next, Dr. Klöckers proceeds to examine the rise in petroleum prices in the 2000s suggesting that inflation rates remained stable despite the shock, because of the machinery of the new European monetary policy.

„Diese Stabilität ist umso bemerkenswerter, als auch nach 1999 größere Ölpreisschocks auftraten (siehe Schaubild 2). Es scheint, als hätte der Regimewechsel dazu beigetragen, diese Schocks weitaus besser abzufedern, als dies in früheren Episoden der Fall gewesen war. Dies belegt auch Schaubild 3. Die durchschnittliche Inflation seit 1999 beträgt 2,0 % und liegt damit deutlich unter dem Durchschnitt der vergangenen Jahrzehnte. Auch die Volatilität der Inflation ist spürbar zurückgegangen."

Despite the clear success in terms of price stability during the oil shock of the 2000s, it might be naïve to believe that monetary policy played all necessary role to prevent inflation from propping up. The oil shock of the 2000s looks like a demand driven price increase, rather than a supply driven shock as the one observed in the 1970s. In recent years commodity prices have been rising on the back of soaring consumption and investment in Asia. Commodity price increases are not the only major shock hitting the world economy during the 2000s. The IT revolution is still yielding dividends and outsourcing has been curbing manufacturing and service price increases. If we understand the current oil shock, simply as one of the forces hitting the world economy, the importance of monetary policy becomes less clear for price stability.

One manner of gauging the role of monetary policy in containing inflation is to look at inflation expectations. As Dr. Klöckers correctly points out, the introduction of the Euro has been extremely successful in anchoring the inflation expectation of private agents at the inflation target level. However it is also true that this success was facilitated by the bonanza shocks that hit the world macroeconomics during the 1990s. Price declines of manufactures and services have probably contributed for the expectation of future price declines. Despite the rational inflation expectation revolution in macroeconomics, it is still a consensus in the profession that, in reality, there is a non dismissible backward looking component to inflation expectations. In this case higher world productivity and outsourcing have probably contributed to the success of driving inflation expectations to where they are.

Let us now switch gears to address the change in fiscal policy that was undertaken in Europe and that has to some extent followed the letter of the Stability and Growth Pact. In the words of Dr. Klöckers:

„Auch im Bereich der Fiskalpolitik wurden Fortschritte erzielt. Schaubild 9 zeigt deutlich, dass es seit etwa Mitte der Neunzigerjahre zu einem fiskalischen Regimewechsel gekommen ist. In den Achtziger- und zu Beginn der Neunzigerjahre schwankten die durchschnittlichen Haushaltsdefizite im Euroraum noch zwischen 3 % und 5 % des Bruttoinlandsprodukts (BIP). Gleichzeitig stieg der Schuldenstand, in Prozent des BIP gemessen, kontinuierlich und verdoppelte sich ungefähr zwischen 1980 und 1996. Im Gegensatz dazu schwanken seit 1997 die Defizite im Durchschnitt „nur noch" zwischen 1 % und 3 % des BIP, und die Schuldenquote konnte stabilisiert bzw. sogar leicht gesenkt werden."

Due to fears of debt monetization, a key requirement for the sustainability of a common currency is some sort of fiscal discipline. The Stability and Growth Pact was engineered with this purpose, establishing limits to fiscal deficits and debt sustainability. Recently many of the core countries signatories of the Pact have been breaching it. Germany and France have both exceeded the 3% maximum nominal deficit at some point and concerns that other countries could follow have mounted.

The fiscal policy in most Euro Zone countries is dictated by social spending. In their 2004 book "Fighting Poverty in the U.S. and Europe: A World of Difference", Alesina and Glaeser point out that the US government corresponds to 30% of GDP, whereas this number for Europe is of 45%. Two thirds of this disparity is due to different levels of welfare benefits. So to understand European fiscal policy, we need to understand redistribution.

As pointed out by Dr. Klöckers, during the Euro era, labor market reforms have started to yield some modest dividends. Belgium, France, Germany, Ireland, Italy, and the Netherlands have introduced new labor regulation that allows for temporary contracts. This has contributed somewhat for the mild reduction in unemployment across the continent and for a descent increase in employment growth. However, the rate of GDP growth has not gone up in tandem with the rate of employment growth, which suggests that productivity growth in Europe was low.

The recent pattern of employment and GDP in Europe can be understood in light of points made by Robert Gordon and Olivier Blanchard. Gordon argues that if labor regulation is introduced such that the minimum wage stipulated at a high level, this would lead to a smaller but more productive employed labor force, since it will not be profitable to pay unproductive workers for more than what they contribute to output. Blanchard argues that the introduction of temporary labor contracts lead to the creation of two classes of workers, the more productive one abiding by the old fierce labor regulation and the least productive one that is on temporary contracts. If there is some learning by doing component to productivity, these classes of workers can perpetuate themselves because the temporary workers will have to be fired to characterize the temporality of their contracts losing the opportunity to rise as fast in the productivity ladder.

The fact that labor market reforms lead to the absorption of low productivity workers by the labor force might have eased pressure on further social spending. Because less productive workers that had previously to be taken care by the state can now earn their own living. Hence, even though the Stability and Growth Pact was important to signal the need for change in fiscal policy, the real economic force that allowed this change to materialize might have to do with the labor market reforms that contributed to a smaller demand from the European populace for redistribution.

A sounder fiscal policy delivered by countries in the EMU may have contributed to reducing the level of risk premium paid in capital markets. This is especially true for the countries that had Central Banks reputed as inflators, since the EMU effectively prevents these countries from printing money to monetize debt. Benjamin Friedman argues that bonds issued by EMU countries shall be no longer called sovereign bonds, if one's definition of sovereign bonds is a bond issued by a sovereign government denominated in the currency it can print.

Another factor that might have provided a contribution of perhaps the same order of magnitude for lower risk premium was the formation of a savings glut. Asian countries have been running sizeable current account surpluses since the

Asian crisis. They have therefore accumulated a sizeable amount of foreign exchange reserves. The People's Bank of China has currently over $ 1 trillion dollars in this account. The club of countries with sizeable current account surpluses has gained new members with the rise of commodity prices in the 2000s. This abundance of cash in the hands of sovereign wealth managers may contribute to the decrease in risk premium, because at a very high level of international reserves, governments can afford temporary capital losses without risking a liquidity crisis. We have been observing countries with massive international reserves vis-à-vis their eventual liquidity need putting together sovereign wealth funds that invest in all sort of asset classes. Singapore is an example of this and China is headed in the same direction, but with less transparency.

The level of interest rates has also benefited from the same developments, sounder fiscal policy and the savings glut. Lower interest rates were not only a phenomenon in the EMU, but also in the US and in many emerging market countries. As any economist first guess, an era of abundant money should also be an era of cheap money.

To conclude his work, Dr. Klöckers brings our attention to a potential challenge for European monetary policy. He shows that structural inflation differences within EMU countries are more durable than within U.S. states.

„Eine Besonderheit im Euroraum ist allerdings, dass die Inflationsdifferenzen dauerhafter sind als die innerhalb der USA: Es gibt einige Länder im Eurogebiet, die strukturell eine höhere Inflation als der Durchschnitt aufweisen, während andere Länder regelmäßig eine Rate aufweisen, die unter dem Durchschnitt liegt."

This issue can be magnified in the face of a larger and persistent shock. Given a unified monetary policy, countries with higher inflation inertia, may impose more economic hardship on countries with a more palatable Phillips Curve. In an era of bonanza it is usually easier to solve differences. However once economic hardship is imposed to a country for the common good of a monetary area, a queue of politicians may be formed to raise the flag against the ECB monetary policy.

3 Major Economic Developments in the Past Decade

Among the major economic developments of the past decade we can list (i) a major spurt of world productivity growth; (ii) manufacturing and service outsourcing; (iii) the inclusion of millions of Asian laborers in the world production chain and; (iv) the creation of a savings glut. The goal of this section is to further explore these developments and understand the role they played in fostering lower inflation rates and higher price stability in the EMU.

In May 15th 2005, the Financial Times has published an article that started as follows: "The world economy has moved into a higher gear over the past decade with productivity growth almost doubling compared with the previous five years. Rapid growth of output per employee in China and India, combined with improved productivity growth in north America, eastern Europe, the Middle East and Africa drove the world economy forward, according to a report published today by the Conference Board, a global business organization."

From the Economics Glossary available at the website About.com, the definition of productivity is "a measure relating a quantity of output to the inputs required to produce it". Hence when productivity increases, the quantity of inputs necessary to produce the same level of output diminishes. As a consequence higher productivity implies either lower output prices, or higher margins. When competition is fierce, more of the former tends to happen. This deflationary force in manufacturing products, for given input prices, has allowed inflation to decrease with less effort on the part of monetary policy.

One of the driving forces of these astounding productivity gains were allowed by the revolution in telecommunications experienced in the 1990s. Today a manager sitting in Chicago can observe the production of his factory in Guangdong on real time. He can talk face to face with his workers sitting at thousands of miles of distance. The cost of telecommunications became so low that call centers for costumer services are being built in India. The reductions in prices of final goods allowed by these innovations are not to be disguised.

The IT revolution has permitted the world production chain to tap an untouched workforce. This cheap labor allowed production and assembling costs to plummet, lowering as a consequence final good prices. Even though in the past years some of this opportunities were explored, the wage gap between developed and emerging market countries are still remarkable even weighting by productivity. Furthermore, more than half of the Chinese population still live in rural areas and have not been presented to the new opportunities created by this revolution in telecommunications.

These massive productivity gains have permitted the expansion of the export led growth strategy adopted by Hong Kong, Taiwan, Singapore and South Korea in the 60s, 70s and 80s to all corners of Asia. The export led growth strategy coupled with the perception by Asian policy-makers that currencies shall remain cheap to avoid a replay of the 1997 Asian Crisis led to sustained balance of payment surpluses in the continent and thereby the accumulation of sizeable international reserves. This latter story is in the spirit of Dolley, Garber and Folkers-Landau (2004). Theories on why this accumulation of savings in Asia was so sizeable have mounted. Some academics have attributed it to Demographic aspects while others have pointed out the role of underdeveloped insurance markets and the precautionary motive for over saving.

In spite of the reason for the formation of this savings glut, our intent here is to call the attention of the reader to it and claim that in a world of abundant savings, it should be of little surprise that the price of money has gone down. Interest rates have collapsed worldwide.

Furthermore, the savings glut formation had some positive feedback effect on the abundance of savings. This has happened because the export led growth strategy in Asia has increased the demand for basic materials such as oil, metals, paper and food. This new demand ballooned commodity prices increasing the exportation of commodity rich countries. As a consequence, balance of payments in commodity countries has been showing persistent and massive surpluses, leading to a further accumulation of savings.

In my view, most of these developments contribute to a better trade off between inflation and unemployment permitting price stability with rather low interest rates.

4   Perspectives for EMP

In this section I attempt to speculate on the challenges that lie ahead for the European monetary policy makers, looking at which kind of research effort shall be undertaken to allow for an adequate policy decision making in the future.

The implementation of a unified European monetary policy and of a single currency in Europe was done in a period of world bonanza, with many good and service prices falling. In this context, achieving price stability and inflation convergence to a low level has proved to be not so costly in terms of output.

This is wonderful news for the future and the credibility of a unified European monetary policy and for the euro. The credibility that was built in the past 8 and ½ years is an asset that can prove to be invaluable for the challenges that European monetary policy makers may have to confront.

In fact, some of these challenges may be already surfacing now. The era of bonanza has fueled demand for commodities and some of these basic materials are now 5 times more expensive than they were five years ago. Cost push shocks, such as this rise in commodity prices, put a strain on monetary policy, worsening at least the short term trade off between inflation and unemployment.

However, if this commodity price shock is persistent and ever increasing, the strain can be such that the European Central Bank may be confronted with the choice of serious economic hardship for a few quarters or the loss of the credibility anchor built in the past years. This would be a real test for these newly developed European institutions, since it would be in the best interest of many politicians to raise the flag against the ECB in the spirit of what President Sarkozy has been doing even though growth has been faring relatively well in France.

In sum, in my view, in the context of a persistent cost push shock, different inflation tastes will become clear and countries within the EMU with less inflation inertia and lower dependence on basic materials might have incentives to defect from the Union since they will have to face much tighter monetary policy than if they had sovereignty over setting their own interest rates.

I believe that the size of the challenge that lies ahead of central bankers around the world depends on the relative quantitative importance for consumer prices of the rise in commodity prices and of the benefits of productivity gains. If one believes that most of the gains in productivity are behind us and that now the main development for prices is the rise of key input prices, then a lot of output might have to be given up for price stability. However, if both effects are to co-exist in the future, than it shall not be clear that we have some bumpy road ahead.

Therefore, in my opinion research efforts should be concentrated on gauging the quantitative importance of these two forces to consumer prices, in addition to the time lags and time horizon that they may take to materialize. Gauging these forces quantitatively with more accuracy may prove invaluable for conducting monetary policy in Europe.

5 Summary

The goal of my comment is to look at the change in the European monetary policy as only one of the major global developments that have happened in the past decade with consequences to price stability in Europe. From this broader perspective I hope to let the reader gauge qualitatively the importance of the Euro for lower and more stable inflation rates in the Euro Zone. Among the major economic developments of the past decade we can list (i) a major spurt of world productivity growth; (ii) manufacturing and service outsourcing; (iii) the inclusion of millions of Asian laborers in the world production chain and; (iv) the creation of a savings glut. In my view, these developments contribute to a better trade off between inflation and unemployment permitting price stability with rather low interest rates.

References

Alesina, Alberto and Edward Glaeser (2004): Fighting Poverty in Europe and in the U.S.: A world of difference.

De Gregorio, Jose, Oscar Landerretche and Christopher Neilson (2007), Another Pass-Through Bites the Dust? Oil Prices and Inflation, Banco Central de Chile Working Paper.

Dooley, Michael, Peter Garber and David Folkers-Landau (2004), "The Revived Bretton Woods System: The effects of periphery intervention and reserve management on interest rates and exchange rates in center countries", NBER Working Paper 10332.

Svensson, Lars (1997), "Inflation Forecast Targeting: Implementing and Monitoring Inflation Targets", European Economic Review, 41, pp. 1111-1146.

Woodford, Michael (2006), "Inflation-Forecast Targeting: A Monetary Standard for the Twenty-First Century?", mimeo, Columbia University.

8 ½ Jahre europäische Geldpolitik: Eine Zwischenbilanz Replik auf den Kommentar von Igor Barenboim

Hans-Joachim Klöckers

Ich möchte kurz auf zwei Punkte in dem Kommentar von Igor Barenboim eingehen.

1) Igor Barenboim weist zu Recht darauf hin, dass die Globalisierung, insbesondere durch den Druck auf die Importpreise für Industriegüter, und zum Teil auch durch den Druck auf die Löhne in entwickelten Volkswirtschaften, die Arbeit der Zentralbanken in den Industrieländern in der ersten Hälfte des neuen Jahrtausends erleichtert hat. Der Aufsatz „Globalisierung, Handel und die Gesamtwirtschaft des Euro-Währungsgebiets" im EZB-Monatsbericht vom Januar 2008 gibt hierzu einen guten Überblick.

Mein Hauptanliegen war jedoch zu zeigen, dass im Euroraum die Inflationsrate, trotz mehrer, teilweise starker Schocks durch Rohstoffpreissteigerungen, immer wieder relativ schnell in den Bereich, der von der EZB als Preisstabilität definiert wird, zurückkehrte. Mit anderen Worten: Ein wesentliches Merkmal der vergangenen Jahre war, dass einmalige Störungen des Inflationsprozesses keinen nennenswerten Einfluss auf die langfristigen Inflationserwartungen ausübten[1] und dass es zu keiner Preis-Lohn-Spirale kam, wie sie in früheren Jahrzehnten häufiger zu beobachten war. Dies kann im Prinzip als Indiz für eine erhöhte Glaubwürdigkeit der Geldpolitik angesehen werden.

2) Igor Barenboim weist auf eine weltweite Beschleunigung des Produktivitätswachstums hin und sieht diese als Grund für die geringere Inflation weltweit wie auch im Eurogebiet. Wie durch Schaubild 25 meines Beitrags jedoch klar werden sollte, ist in den letzten Jahren im Euroraum das Produktivitätswachstum gefallen, und nicht gestiegen.[2] Im Unterschied zu den USA ist es daher nicht zutreffend, dass die niedrige Inflation im Eurogebiet in den letzten Jahren auf eine erhöhte Produktivität zurückzuführen ist.

---

[1] Siehe Deutsche Bundesbank, „Zum Informationsgehalt von Umfragedaten über die Inflationserwartungen des privaten Sektors für die Geldpolitik", Monatsbericht Oktober 2006, sowie Centre for Economic Policy Research "Are long-run inflation expectations anchored more firmly in the euro area than in the United States?" von M. J. Beechey, B. K. Johannsen und A. Levin, Artikel Nr. 6536, www.cepr.org/pubs/dps/DP6536.asp.

[2] Siehe EZB, „Produktivitätsentwicklung und Geldpolitik", Monatsbericht Januar 2008.

Die Osterweiterung der Europäischen Währungsunion

Dezember 2008

1   Einleitung

Die Europäische Währungsunion (EWU) war von Beginn an ein Projekt, das sowohl mit Enthusiasmus als auch mit Skepsis begleitet wurde. Sachliche – und das heißt im Falle einer Währungsunion naturgemäß: ökonomische Argumente sollten dabei eigentlich im Vordergrund stehen; die Diskussionen auch vor dem Start der EWU im Jahr 1999 zeigten aber immer wieder, dass politische Argumente die Oberhand behielten. Dabei ging und geht es letztlich vor allem um die Frage, ob einem Land – und das schließt in diesem Kontext zukünftige Regie-

---

[*] Prof. Dr. Jürgen Jerger leitet den Lehrstuhl für Internationale und Monetäre Ökonomie an der Universität Regensburg und ist Direktor des Osteuropa-Instituts Regensburg.

rungen immer mit ein – zugetraut wird, den stabilitätspolitischen Konsens als Grundlage der EWU mit zu tragen.

Erinnern wir uns kurz zurück an die Euroskeptiker vor 1999. Im April 1998 veröffentlichten immerhin 200 Wirtschaftsprofessoren einen Aufruf in der FAZ, in dem vor einer „verfrühten" Einführung der Gemeinschaftswährung eindringlich gewarnt – gleichzeitig aber die Idee der Europäischen Währungsunion prinzipiell begrüßt – wurde. Wann genau die gewünschte längere Vorbereitungszeit hätte abgeschlossen werden können, oder an welchem Kriterium man dies hätte ablesen können, blieb weitgehend offen. Noch dramatischer waren die Warnungen des US-amerikanischen Ökonomen Martin Feldstein (1997). Er sah die EWU als vorwiegend politisch motiviert an, diagnostizierte erhebliche Nachteile einer gemeinsamen Geldpolitik für die Volkswirtschaften der beteiligten Länder und leitete daraus sogar eine gefährliche Tendenz zur politischen Destabilisierung ab. Zumindest was den letzten Punkt angeht, materialisierte sich diese düstere Prophezeiung bislang nicht.

Inzwischen wissen wir, dass in den vergangenen zehn Jahren der Euro einer stabilen makroökonomischen Entwicklung nicht im Wege stand – und zu einer von vielen so nicht erwarteten Erfolgsgeschichte wurde. Dies trifft sowohl für die elf Länder zu, die im Januar 1999 die – damals überraschend große – Startformation der EWU bildeten als auch für die fünf Mitgliedsstaaten, die seither dazu gestoßen sind.[1] Allerdings verwenden damit immer noch weitere elf Mitgliedsländer der Europäischen Union – vorwiegend in Osteuropa – ihre jeweils nationale Währung. Damit besteht nach wie vor ein erhebliches Erweiterungspotential für die EWU.

In diesem Beitrag werden die Perspektiven und Probleme der mittelfristig sicherlich anstehenden Osterweiterung der Europäischen Währungsunion diskutiert. Im nächsten Abschnitt wird sehr knapp auf die bisherigen Erfahrungen mit der EWU eingegangen, bevor in Abschnitt 3 die legalen Rahmenbedingungen der Erweiterungen in Erinnerung gerufen werden. Die Abschnitte 4 und 5 beschäftigen sich dann mit den Kriterien aus der Literatur der optimalen Währungsräume sowie den Maastricht-Kriterien und deren Erfüllung in den potentiellen zukünftigen EWU-Mitgliedsländern in Osteuropa. Mit der Frage, ob die Erweiterung der EWU überhaupt gewünscht wird, befassen sich die Abschnitte 6 und 7, zunächst aus der Perspektive der EWU, danach aus der Perspektive der potentiellen neuen Mitgliedsländer. Ein kurzes Fazit zieht in Abschnitt 8 die wichtigsten Argumente noch einmal zusammen.

---

[1] Dies schließt die Slowakei ein, deren Beitritt zum 1.1.2009 bereits beschlossen ist.

2   Die EWU – Bisherige Erfahrungen

Jedenfalls relativ zu den Bedenken vor 1999 kann die EWU anhand der Entwicklung im vergangenen Jahrzehnt durchaus als Erfolgsgeschichte angesehen werden. Eine von der Europäischen Kommission zum 10-jährigen Jubiläum der Entscheidung für den Start der EWU im Mai 1998 in Auftrag gegebene Studie überschlägt sich fast vor Lob und Stolz auf das Erreichte – kann aber dennoch als sehr detailreiche Chronologie und Analyse empfohlen werden.[2] An dieser Stelle kann auch angesichts des Beitrags von Hans-Joachim Klöckers (2008) in diesem Band die Darstellung sehr kurz gehalten werden.

Einen groben Überblick geben die Daten in Tabelle 1, in der ein doppelter Vergleich – vor und nach der Euro-Einführung sowie zwischen Eurozone und USA – vorgenommen wird. Sowohl in der Eurozone als auch in den USA hat sich im Vergleich der beiden vergangenen Jahrzehnte ein leichter Rückgang des durchschnittlichen realen Wachstums ergeben; der Beschäftigungsaufbau in der Eurozone hat sich massiv beschleunigt und den der USA überflügelt; die EZB kam – auch wenn die aktuelle Situation prekärer ist – im Durchschnitt der letzten zehn Jahre der von ihr gesetzten Zielmarke von 2% p.a. sehr nahe; die Staatsdefizite im Euroraum sind im Schnitt deutlich zurückgegangen. Insofern ist der oben genannte positive Tenor der Europäischen Kommission durchaus verständlich – auch wenn die Zahlen im Vergleich zu den USA – insb. mit Blick auf die in Europa immer noch sehr hohe Arbeitslosigkeit – keinen Anlass für übertriebene Euphorie liefern.

	Eurozone		USA	
	89 – 98	99 – 08	89 – 98	99 - 08
Reales BIP pro Kopf (WR)	1,9	1,6	1,8	1,6
Beschäftigung (WR)	0,6	1,3	1,5	1,0
Arbeitslosenquote (%)	9,3	8,3	5,8	5,9
Inflation (% p.a.)	3,3	2,2	3,3	2,8
Staatsdefizit (%)	-4,3	-1,7	-3,3	-2,5

Tabelle 1: Makroökonomische Schlüsselgrößen im Vergleich

Allerdings kann auch festgestellt werden, dass es dem Euro gelungen ist, die nach dem Dollar zweifelsfrei zweitwichtigste internationale Währung zu werden. Inzwischen sind 27% der weltweiten Devisenreserven in Euro denominiert[3] und immerhin 50% des Handels der Länder der Eurozone mit Drittstaaten werden in

[2] Aus dem Vorwort des Währungskommissars Joaquin Almunia: „[…] we have good reason to be proud of our single currency. The EMU and the euro are a major success. […] And for the world, the euro is a major new pillar in the international monetary system and a pole of stability for the global economy."
[3] Mit 63% ist der US-$ die nach wie vor wichtigste Reservewährung, das britische £ liegt mit 5% weit abgeschlagen auf dem dritten Rang.

Euro fakturiert. Damit ist das dem Außenhandel inhärente Währungsrisiko deutlich kleiner geworden. Laut der bereits genannten Studie der Europäischen Kommission (European Commission 2008, p. 3) sind 50% der Bürger der Eurozone der Ansicht, dass der Euro ein Garant für makroökonomische Stabilität sei – was aber natürlich auch heißt, dass 50% diese Ansicht nicht teilen.

Für den Erweiterungsprozess impliziert dies zunächst einmal, dass die makroökonomische Entwicklung in der Eurozone insgesamt und auch in den einzelnen Ländern jedenfalls keine starken Argumente *gegen* die Währungsunion generell und damit auch deren Erweiterung liefern. Auf einen Nenner gebracht: Wie in anderen großen Wirtschaftsgebieten, die in sich durchaus nicht homogen sind – allen voran sind die USA als Beispiel zu nennen –, kann eine gemeinsame Währung offensichtlich auch in Europa funktionieren.

3 Müssen: EU und EWU

Die Mitgliedschaft in der Europäischen Union zieht im Prinzip auch die Verpflichtung zur Teilnahme an der Währungsunion mit sich, wenn die Maastricht-Kriterien erfüllt sind. Eine ausdrückliche sog. „opt-out-Klausel", die dieses Prinzip außer Kraft setzt, haben nur Dänemark und Großbritannien verhandelt. Daher besteht für neun Mitgliedsländer der Europäischen Union jedenfalls nach dem Buchstaben des Gesetzes eine Verpflichtung, der EWU beizutreten und dafür auch die Voraussetzungen zu schaffen. Neben Schweden sind dies – in alphabetischer Reihenfolge – Bulgarien, Estland, Lettland, Litauen, Polen, Rumänien, die Tschechische Republik und Ungarn. Daher kann man durchaus von einer bevorstehenden Osterweiterung der Währungsunion sprechen. Alle empirischen Informationen im Rest dieses Beitrags werden sich auch auf diese acht zentral- bzw. osteuropäischen Länder konzentrieren.

Das vielleicht wichtigste Merkmal der potentiellen Erweiterung veranschaulicht Abbildung 1. Hier werden relativ zu den 15 Ländern der Eurozone des Jahres 2008 die mit Kaufkraftparitäten berechneten nationalen Zahlen für das Bruttoinlandsprodukt pro Kopf einander gegenübergestellt. Zum Vergleich sind außerdem die Daten für die gesamte Europäische Union (EU-27) und Deutschland zu sehen.[4]

---

[4] Quelle: United Nations Economic Commission for Europe (www.unece.org); eigene Berechnungen. Die Daten beziehen sich auf das Jahr 2006.

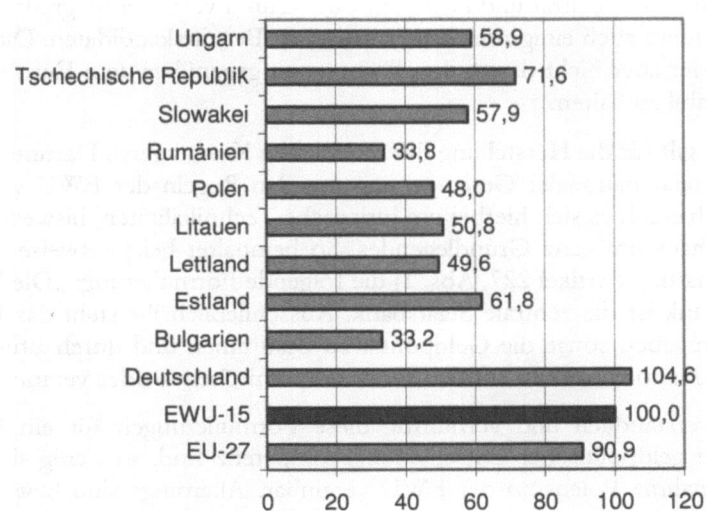

Abbildung 1: Wohlstandsgefälle in der Europäischen Union; BIP pro Kopf in Kaufkraftparitäten (EWU-15=100)

Die Slowakei, die ab 2009 den Euro einführen wird, weist bereits ein sehr deutliches Wohlstandsgefälle zur EWU-15 auf, allerdings sind in der Europäischen Union auch Länder, die noch einmal deutlich ärmer sind. Dabei würde der internationale Vergleich mit Hilfe der tatsächlichen Wechselkurse ein noch dramatischeres Bild zeichnen. Egal welche Zahlen man heranzieht – es ist klar, dass eine Osterweiterung die EWU deutlich heterogener machen würde.

Die Erweiterungsprozedur verlangt die Vorlage regelmäßiger „Konvergenzberichte", die sowohl von der Europäischen Zentralbank (EZB) als auch von der Kommission zur erstellen sind. Auf dieser Basis – und nach Anhörung des Europäischen Parlaments – geben sowohl EZB als auch Kommission eine Empfehlung ab. Die endgültige Entscheidung über die Aufnahme eines Landes in die EWU trifft der Europäische Rat, wobei es der Zustimmung aller Länder bedarf, die bereits Mitglied der Währungsunion sind, und natürlich des aufzunehmenden Landes selbst.

Trotz der generellen Verpflichtung zur Teilnahme an der EWU *de jure*, kann ein Land *de facto* nicht dazu gezwungen werden – schon allein, weil dessen Regierung im Rat bei der endgültigen Entscheidung zustimmen muss. Insoweit als der Erfolg einer Gemeinschaftswährung zu einem guten Teil von deren Akzeptanz abhängt, können auch die derzeitigen EWU-Länder an einer Durchsetzung des legalen Zwangs keinerlei Interesse haben. Ein zwar wenig phantasievolles, aber probates und offenbar akzeptiertes Mittel, sich dem Beitritt zu entziehen, ist die Verweigerung der – vor der Aufnahme in die EWU obligatorischen – Teilnahme am Wechselkursmechanismus II. Nicht nur Schweden, das bereits 1995 der Europäischen Union beitrat und keine opt-out-Klausel vereinbarte, greift zu diesem Mittel, sondern auch einige der osteuropäischen Beitrittskandidaten. Dies hindert diese Länder aber nicht daran, ihre Währungen gegenüber dem Euro sehr weitgehend stabil zu halten.

Ähnliches gilt für die Herstellung der rechtlichen Konvergenz. Darunter wird die Kompatibilität nationaler Gesetzgebung mit den Regeln der EWU verstanden. Teilweise handelt es sich hierbei um juristische Technikalitäten, bisweilen geht es aber durchaus um ganz Grundlegendes. So beinhaltet beispielsweise die polnische Verfassung (Artikel 227, Abs. 1) die folgende Formulierung: „Die Polnische Nationalbank ist die zentrale Staatsbank. Ausschließlich ihr steht das Recht zu, Geld auszugeben sowie die Geldpolitik zu bestimmen und durchzuführen. Die Polnische Nationalbank ist für den Wert des polnischen Geldes verantwortlich."

So selbstverständlich und vernünftig diese Formulierungen für ein Land mit autonomer geldpolitischer Entscheidungskompetenz sind, so wenig sind sie mit einer Teilnahme Polens an der EWU vereinbar. Allerdings sind bzw. waren in westeuropäischen Ländern diese Dinge in einfachen Gesetzen geregelt, während osteuropäische Verfassungen typischerweise deutlich ausführlicher sind und eben auch die Grundpfeiler der Geldpolitik definieren. Daraus folgt natürlich, dass es in Polen und auch in anderen Ländern keine einfache, sondern eine verfassungsändernde Mehrheit braucht, um den Weg in die EWU überhaupt erst gangbar zu machen. Da sich in Polen – wie auch in anderen Ländern – verschiedene Regierungen signifikant in ihrer Haltung zur europäischen Integration im Allgemeinen und zur EWU im Speziellen unterscheiden, ist es nicht möglich, hier irgendwelche Vorhersagen zu treffen. Der unter dem Ministerpräsidenten Donald Tusk amtierende polnische Finanzminister Jacek Rostowski stellte kürzlich den EWU-Betritt Polens für 2012 in Aussicht. In der vom EU-kritischen Jarosław Kaczyński geführten Vorgängerregierung wäre eine solche Perspektive nicht realistisch gewesen.

4   Sollen: Was ist ein optimaler Währungsraum?

Im Vorfeld der Gründung der EWU wurde die Theorie optimaler Währungsräume[5] als Maßstab bzw. Kriterienkatalog für die Beurteilung der Sinnhaftigkeit der Aufgabe nationaler Währungen herangezogen. Die Basis dieser Theorie ist die schlichte Erkenntnis, dass der Ersatz der nationalen durch eine supranationale Währung sowohl Vor- als auch Nachteile hat. Diese gilt es, zu evaluieren und gegeneinander aufzurechnen – was sich allerdings empirisch als schwieriges Unterfangen erweist. Die Schwierigkeiten liegen dabei auf zwei Ebenen: Einerseits

---

[5] De Grauwe (2007) bietet einen exzellenten Überblick dieses Literaturzweigs.

sind die Kriterien nicht leicht zu evaluieren; nur beispielhaft sei die Frage nach dem genauen – also in Geld ausgedrückten – Wert der Beseitigung von Schwankungen des nominalen Wechselkurses genannt. Andererseits kann aber eine Währungsunion genau die Bedingungen schaffen – oder auch zerstören –, die ex ante für oder gegen die Errichtung genau dieser Währungsunion sprechen. Mit anderen Worten: der optimale Währungsraum ist endogen. Es genügt daher nicht, vergangenheitsbezogen auf irgendwelche Kriterien zu schauen, um eine entsprechende Evaluation vorzunehmen.

Dennoch seien einige Größenordnungen zu den Vorteilen einer Währungsunion genannt: Die Europäische Union schätzte im Vorfeld der EWU die der gemeinsamen Währung geschuldeten Transaktionskostenersparnisse in der Größenordnung zwischen 13 und 20 Milliarden Euro jährlich. Durch die seit Januar 2008 auf den Weg gebrachte Einrichtung einer Single European Payments Area – die allerdings nicht auf die EWU-Mitgliedsstaaten beschränkt ist – gibt es hier aber durchaus noch weiteres Potential. Beck/Weber (2005) zeigen, dass die gemeinsame Währung auch für mehr Preistransparenz und –konvergenz sorgte. Eine jüngere Studie von Ottaviano et al. (2007) zeigt, dass die Währungsunion zum einen aufgrund von Transaktionskostenersparnissen den Marktzugang von Firmen verbessert, zum anderen aber auch aufgrund der höheren Transparenz für einen schnelleren Marktaustritt wenig produktiver Firmen sorgt. Damit hat die Währungsunion einen positiven Effekt auf die Wettbewerbsintensität und Effizienz der Unternehmen im gemeinsamen Währungsraum.

Eine inzwischen recht breite Literatur beschäftigt sich mit der Frage, in welchem Umfang eine gemeinsame Währung für eine Ausweitung der Handelsströme zwischen zwei Ländern sorgt. Rose (2000) verblüffte die Profession mit dem aus Paneldaten resultierenden ökonometrischen Befund, dass eine Währungsunion das Handelsvolumen um mehr als einen Faktor drei förmlich explodieren lässt – was nachfolgende Studien aufgrund zahlreicher Daten- und Methodenprobleme allerdings deutlich relativierten. Der sehr informative Beitrag von Baldwin (2006) benennt eine währungsunionsinduzierte Handelssteigerung in der Größenordnung von 5-10% als professionellen Konsens.

Potentiell problematisch an einer Währungsunion ist hingegen der Wegfall des Wechselkurses als Anpassungsinstrument. Diese wirtschaftspolitische Handlungsmöglichkeit ist umso entbehrlicher, je

- kleiner und offener die Volkswirtschaften sind;
- ähnlicher die stabilitätspolitischen Präferenzen sind;
- weniger asynchron die nationalen Konjunkturzyklen laufen;
- differenzierter die nationalen Produktionsstrukturen sind;

• besser alternative Anpassungsmechanismen funktionieren, z.B. über flexible Arbeitsmärkte, einschließlich internationaler Faktormobilität sowie über die nationalen Fiskalpolitiken.

Weimann (2005) zeigt, dass die Korrelation der Angebots- und Nachfrageschocks der potentiellen Beitrittsländer sowohl untereinander als auch mit den Ländern der bestehenden EWU positiv ist. Von daher ergeben sich von dieser Seite keine Bedenken gegen die Aufgabe des Wechselkursinstrumentes. Alle Länder sind auch – jedenfalls gemessen an der Wirtschaftsleistung – kleiner als die großen Länder, die bereits Mitglied der EWU sind. Die Offenheit der nationalen Märkte ist auch gegeben, wobei hier allerdings für die Arbeitsmärkte bis 2011 noch eine ganze Reihe von Ausnahmen existieren.[6] Spätestens danach sind dann aber die sog. „vier Grundfreiheiten" von Gütern, Dienstleistungen, Arbeit und Kapital in der gesamten EU etabliert. Die Voraussetzungen für eine Währungsunion sind also auch mit Blick auf die Offenheit der Märkte gegeben. Dazu kommt, dass ein großer Teil des Handels der EU-Länder Intra-EU-Handel ist.

Nicht übersehen werden darf zudem, dass das Wechselkursinstrument von der Politik auch vorsätzlich missbraucht werden kann. Immerhin bietet sich damit die Möglichkeit, eine mit einer expansiven Politik einhergehende reale Aufwertung „bequem" wieder zu neutralisieren. Im Umkehrschluss folgt daraus, dass die Aufgabe nationaler geldpolitischer Kompetenz diese Möglichkeit definitiv blockiert und damit die Grundlage für die Glaubwürdigkeit einer Stabilitätsorientierung ist. Die mit dem Start der EWU beispielsweise in Italien dramatisch gesunkenen Zinsen belegen, wie wichtig dieser Kanal des Transfers von Glaubwürdigkeit der Makropolitik durch die EWU potentiell ist. Da in vielen Ländern Osteuropas nach wie vor – jedenfalls im Vergleich zur EWU – relativ hohe Inflationsraten zu verzeichnen sind, besteht hier ein klares Potential dafür, dass auch diese Länder von der institutionell denkbar fest verankerten Glaubwürdigkeit der Europäischen Zentralbank profitieren können.

Auf den bereits genannten Gedanken der Endogenität eines optimalen Währungsraums (vgl. Frankel/Rose 1998) ist noch kurz einzugehen. Da eine Währungsunion für mehr Handel sorgt, wird das o.g. Kriterium der Offenheit gerade durch die Währungsunion verbessert. Daneben verlangen die Maastricht-Kriterien eine diszipliniertere Fiskalpolitik – was als Ausdruck stabilitätsorientierter Präferenzen – oder jedenfalls als praktikabler Ersatz dafür – bewertet werden kann. Weiterhin ist es jedenfalls die Erfahrung innerhalb der bisherigen EWU, dass sich die Konjunkturzyklen der Teilnahmeländer synchroner verhalten. Abbildung 2, die dem erwähnten Bericht der EU-Kommission entnommen ist, zeigt die zeitliche Entwicklung der Standardabweichung der nationalen Outputlücken der Länder in der Eurozone seit 1980. Auch wenn es sich hier nur um „eyeball econometrics" handelt, so scheint die Währungsunion und bereits die Phase der

---

[6] Siehe Untiedt et al. (2007) für eine genauere Darstellung.

Vorbereitung darauf für einen deutlich stärkeren Gleichlauf nationaler Konjunkturzyklen gesorgt zu haben.

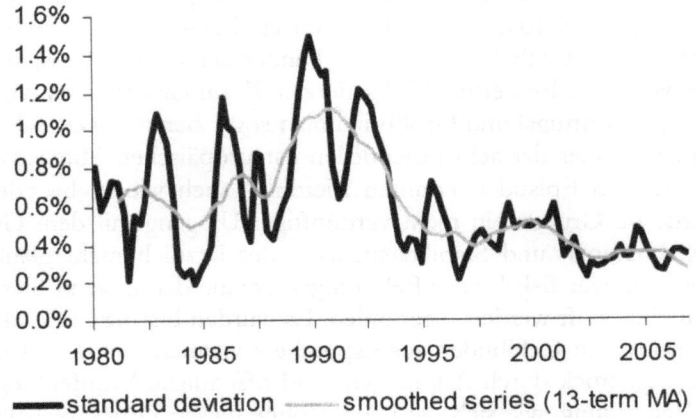

Abbildung 2: Synchronität der Konjunkturzyklen im Euroraum

Staehr (2008) zeigt, dass sich auch das fiskalpolitische Verhalten der zukünftigen Mitgliedsländer bereits dem der Staaten der Eurozone angenähert hat. Allerdings ist es auch denkbar, dass eine Währungsunion eine größere Divergenz nationaler Konjunkturzyklen mit sich bringt. Krugman (1991) machte darauf aufmerksam, dass eine stärkere Handelsintegration für eine stärkere regionale Konzentration sektoraler Produktion sorgen kann. Ein sektoraler Schock kann damit auch zu einem länderspezifischen Schock werden, auf den jedenfalls prinzipiell mit einer national differenzierten Geldpolitik geantwortet werden könnte.[7]

5 Dürfen: Die Maastricht-Kriterien

Kommen wir damit zu den Maastricht-Kriterien; diese bilden die entscheidende Grundlage für die Bewertung der „Beitrittsreife" potentieller Neumitglieder in den Konvergenzberichten der EZB sowie der Kommission und betreffen Preisstabilität, Staatsfinanzen, langfristige Zinsen sowie die Teilnahme am Wechselkursmechanismus II.

Bevor diese Kriterien abgearbeitet werden, wird in Tabelle 2 das „Sündenregister" derjenigen Länder gezeigt, die bisher bereits offiziell dem im Wachstums- und Stabilitätspakt vorgesehenen Verfahren bei übermäßigem Staatsdefizit – also

---

[7] Den zu dieser Position passenden empirischen Befund liefern Hughes Hallet/Richer (2008). Mit Hilfe von Spektralanalysen interpretieren sie die Daten so, dass es in den verschiedenen europäischen Ländern *keine* Tendenz zu einem gemeinsamen Zyklus gibt.

bei Verletzung eines der Maastricht-Kriterien – unterworfen waren. Genannt sind jeweils die Monate, in denen der entsprechende Kommissionsbericht gemäß Art. 104, Abs. 3 EG-Vertrag das Verfahren in Gang setzte, bzw. eine Ratsentscheidung gemäß Art. 104, Abs. 12 EG-Vertrag dieses wieder aufhob.[8] Das Defizitverfahren betrifft dabei nicht nur die Länder des Eurosystems, sondern alle EU-Mitgliedsstaaten. Immerhin 13 der derzeit 27 Mitgliedsstaaten waren bereits „im Verfahren", Portugal und Großbritannien sogar bereits zwei Mal. Aktuell ist mit Ungarn nur eines der acht potentiellen osteuropäischen Mitgliedsländer betroffen. 13 der 15 Episoden konnten allerdings auch wieder beendet werden. Damit wurde im Grunde ein recht vernünftiger Umgang mit dem Grundproblem des Wachstums- und Stabilitätspakts – der letztlich nicht glaubwürdigen Androhung massiver fiskalischer Belastungen gerade dann, wenn diese ohnehin als zu hoch eingestuft werden – gefunden. Es wurden bislang keine ökonomisch höchst fragwürdigen Geldbußen ausgesprochen; vielmehr wurde ein fiskalischer Disziplinierungsdruck durch Anprangern und öffentliche Empfehlungen ausgeübt. Eine Beurteilung, wie sich die Länder ohne diesen Druck verhalten hätten, ist kaum möglich; im Ergebnis kann aber in jedem Fall eine in den letzten Jahren gestiegene Fiskaldisziplin festgestellt werden. Allenfalls spekulieren lässt sich allerdings über die Auswirkungen der im Zuge der aktuellen Rezession bzw. Rezessionserwartungen in allen Ländern massiv nach oben revidierte Staatsverschuldung. Nicht nur die Konjunkturprogramme, sondern auch die diversen Hilfsprogramme für den Bankensektor bergen hier enormen fiskalischen Sprengstoff.

	1	2	Aktuell
Portugal	9/02 – 5/04	6/05 – 6/08	♠
Deutschland	11/02 – 5/07		♠
Frankreich	4/03 – 1/07		♠
Griechenland	5/04 – 5/07		♠
Ungarn	5/04 –		♀
Malta	5/04 – 5/07		♠
Zypern	5/04 – 6/06		♠
Slowakei	5/04 – 6/08		♠
Polen	5/04 – 7/08		♠
Tschechische Republik	5/04 – 6/08		♠
Niederlande	4/04 – 6/05		♠
Italien	6/05 – 6/08		♠
Großbritannien	9/05 – 9/07	6/08 –	♀

Tabelle 2: Länder in der „excessive deficit procedure"

---

[8] Quelle: http://ec.europa.eu/economy_finance/sg_pact_fiscal_policy/excessive_deficit 9109_en. htm.

Eine gemäß der Maastricht-Kriterien hinreichende Preisstabilität ist erreicht, wenn ein potentielles Beitrittsland nicht mehr als 1,5 Prozentpunkte über dem Durchschnitt der drei inflationsstabilsten EU-Mitgliedsländer liegt. Die Daten in Tabelle 3 machen deutlich, dass dies 2006 und 2007 nur für Polen und die Tschechische Republik der Fall war.[9] Auch wenn der Referenzwert für 2008 nach oben gehen dürfte, machen bereits diese Zahlen deutlich, dass eine EWU-Erweiterung in nächster Zukunft nicht zu erwarten ist.

Wesentlich besser stellen sich die osteuropäischen Länder im Hinblick auf die Solidität der Staatsfinanzen dar. Die Grenzwerte betragen 3% für das jährliche Haushaltsdefizit bzw. 60% für den Schuldenstand, jeweils bezogen auf das nationale BIP. Die Tabellen 4 und 5 zeigen, dass mit Ausnahme Ungarns alle osteuropäischen Länder diese Normen erfüllen bzw. sogar sehr deutlich übererfüllen. Bulgarien und Estland wiesen in den drei Jahren sogar eine Überdeckung der Staatsausgaben auf.

	Inflationsrate in			Kriterium erfüllt?
	2006	2007	2008	
Bulgarien	7,4	7,6	9,4	Nein
Estland	4,4	6,7	8,3	Nein
Lettland	6,6	10,1	12,3	Nein
Litauen	3,8	5,8	7,4	Nein
Polen	1,3	2,6	3,2	Ja
Rumänien	6,6	4,9	5,9	Nein
Tschechische Republik	2,1	3,0	4,4	Na ja
Ungarn	4,0	7,9	7,5	Nein
Referenzwert		3,2		-

Tabelle 3: Das Inflationskriterium in Osteuropa

	Fiskalsaldo in			Kriterium erfüllt?
	2006	2007	2008	
Bulgarien	3,0	3,4	3,2	Ja
Estland	3,4	2,8	0,4	Ja
Lettland	-0,2	0,0	-1,1	Ja
Litauen	-0,5	-1,2	-1,7	Ja
Polen	-3,8	-2,0	-2,5	Na ja
Rumänien	-2,2	-2,5	-2,9	Ja
Tschechische Republik	-2,7	-1,6	-1,4	Ja
Ungarn	-9,2	-5,5	-4,0	Nein
Referenzwert		-3,0		-

Tabelle 4: Defizitkriterium

---

[9] Die Daten in den Tabellen 3-7 sind entnommen aus Europäische Zentralbank (2008).

	Schuldenstand in			Kriterium
	2006	2007	2008	erfüllt?
Bulgarien	22,7	18,2	14,1	Ja
Estland	4,2	3,4	3,4	Ja
Lettland	10,7	9,7	10,0	Ja
Litauen	18,2	17,3	17,0	Ja
Polen	47,6	45,2	44,5	Ja
Rumänien	12,4	13,0	13,6	Ja
Tschechische Republik	29,4	28,7	28,1	Ja
Ungarn	65,6	66,0	66,5	Nein
Referenzwert		60		-

Tabelle 5: Schuldenstandskriterium

Ein weniger einheitliches Bild ergibt sich beim Wechselkurskriterium. Zwar hielten die meisten Länder ihre Währung gegenüber dem Euro stabil – die einzige deutliche Abwertung ist für das Jahr 2008 in Rumänien zu verzeichnen –, allerdings nehmen nur die drei baltischen Republiken derzeit auch formell am Wechselkursmechanismus II teil. Da eine wenigstens zweijährige und störungsfreie Teilnahme daran eine formelle Beitrittsbedingung darstellt, kann das Verhalten der potentiellen neuen EWU-Länder als deutliches Signal, der EWU in absehbarer Zeit nicht beitreten zu wollen, bewertet werden. Allerdings werden die Vorteile weitgehend stabiler Wechselkurse offenbar durchweg gesehen und die nationalen Geldpolitiken entsprechend ausgerichtet.

	Aufwertung geg. € in			Teilnahme am
	2006	2007	2008	WKM II ?
Bulgarien	0,0	0,0	0,0	Nein
Estland	0,0	0,0	0,0	Ja
Lettland	0,0	-0,5	0,4	Ja
Litauen	0,0	0,0	0,0	Ja
Polen	3,2	2,9	6,3	Nein
Rumänien	2,6	5,4	-10,3	Nein
Tschechische Republik	4,8	2,0	8,4	Nein
Ungarn	-6,5	4,9	-2,7	Nein
Referenzwert	keine Spannungen			

Tabelle 6: Wechselkurskriterium

Als letztes makroökonomisches Beitrittskriterium wird verlangt, dass in den Beitrittsländern der langfristige Nominalzinssatz den Durchschnitt der drei preisstabilsten EU-Länder um nicht mehr als zwei Prozentpunkte überschreitet. Wie Tabelle 7 zu entnehmenist, erfüllen Ungarn und Rumänien dieses Kriterium nicht, in Estland gibt es derzeit kein genau vergleichbares Finanzprodukt.

	Langfr. Zinsen in			Kriterium erfüllt?
	2006	2007	2008	
Bulgarien	4,2	4,5	4,7	Ja
Estland	n.a.	n.a.	n.a.	n.a.
Lettland	4,1	5,3	5,4	Ja
Litauen	4,1	4,5	4,6	Ja
Polen	5,2	5,5	5,7	Ja
Rumänien	7,2	7,1	7,1	Nein
Tschechische Republik	3,8	4,3	4,5	Ja
Ungarn	7,1	6,7	6,9	Nein
Referenzwert		6,5		-

Tabelle 7: Zinskriterium

Neben den Maastricht-Kriterien müssen die Beitrittsländer insbesondere aber auch die institutionellen Voraussetzungen zur Teilnahme an der EWU erfüllen, d.h. einen entsprechenden rechtlichen Konvergenzprozess durchlaufen. Dies betrifft insbesondere die funktionelle, institutionelle, personelle und finanzielle Unabhängigkeit der Zentralbank, das Verbot der monetären Finanzierung von Staatsausgaben durch die Zentralbanken, aber auch zahlreiche technische Vorkehrungen bis hin zur Verankerung der korrekten Schreibweise des Euro. Die entsprechende Überprüfung ist ebenfalls Gegenstand der Konvergenzberichte von EZB und EU. Aufgrund der komplexen und sehr detailreichen Materie erfüllt derzeit kein einziges weiteres Land alle Punkte der rechtlichen Konvergenz.

Die Studie von Cukierman et al. (2002) entwickelt und berechnet ein Maß für die Zentralbankunabhängigkeit für 26 ehemals sozialistische Transformationsökonomien. Hierzu werden sowohl rechtliche Vorkehrungen als auch die Praxis im Umgang mit diesen gesetzlichen Rahmen erfasst und bewertet. Weiterhin werden drei zeitliche Phasen unterschieden, um die institutionelle Entwicklung deutlich zu machen. Phase I beschreibt die Zeit unmittelbar nach dem Zusammenbruch der sozialistischen Regierungsformen, Phase III den bei Anfertigung der Studie letzten verfügbaren Stand der Dinge. Wenn es signifikante Zwischenschritte gab, so werden diese als Phase II ausgewiesen. Der Index ist so konstruiert, dass er zwischen Null (völlig abhängig) und Eins (völlig unabhängig) liegen muss. Um ein Gefühl für Referenzwerte zu vermitteln: Für die 1980er Jahre hätten sich für Deutschland, die USA und Großbritannien Werte von 0,69 bzw. 0,48 und 0,27 ergeben.

	Phase		
	I	II	III
Bulgarien	0,00	n.a.	0,55
Estland	0,00	n.a.	0,78
Lettland	0,00	n.a.	0,49
Litauen	0,00	0,28	0,78
Polen	0,10	0,46	0,89
Rumänien	0,23	n.a.	0,34
Tschechische Republik	0,00	n.a.	0,73
Ungarn	0,24	n.a.	0,67

Tabelle 8: Zentralbankunabhängigkeit in Osteuropa

Tabelle 8 zeigt zweierlei: Zum einen ist das erreichte Niveau der Zentralbankunabhängigkeit durchaus unterschiedlich, aber insgesamt recht hoch. Und zum anderen haben die Länder – mit Ausnahme Rumäniens – gewaltige Schritte in Richtung einer Unabhängigkeit der Geldpolitik unternommen. Beides kann als Beleg dafür angesehen werden, dass die potentiellen EWU-Beitrittsländer die generelle Bereitschaft mitbringen, die Geldpolitik einer vom Regierungshandeln unabhängigen Institution wie der EZB zu überlassen.

6   Wollen I: Will die EWU?

Zwar konnte im letzten Abschnitt geklärt werden, dass derzeit in keinem der potentiellen EWU-Beitrittsländer die formalen Voraussetzungen für einen sofortigen Beitritt erfüllt sind. Es zeigte sich allerdings auch, dass diese Hürden – bei entsprechendem Willen aller Beteiligten – jedenfalls in den meisten Fällen in absehbarer Zeit übersprungen werden können. Daher stellt sich die Frage, ob dieser Wille vorhanden ist, bzw. welche Faktoren hier im Wege stehen können. In diesem Abschnitt wird die Frage aus Sicht der Länder gestellt, die bereits der EWU angehören, im folgenden Abschnitt wird die Perspektive der potentiellen Beitrittsländer eingenommen.

Zunächst verwässert die Erweiterung der EWU natürlich die Entscheidungsbefugnisse der „alten" Mitgliedsländer. Die derzeitige Regel „ein Land = eine Stimme" wird zwar bei steigender Mitgliederzahl durch ein Rotationsverfahren ersetzt werden – was aber prinzipiell nichts an dem relativen Rückgang der Entscheidungsmacht ändert.[10] Gerade aufgrund der Einführung des Rotationsverfahrens, das nach Ländergröße differenziert, verlieren die derzeit bereits in der

---

[10] Die Regelungen sind beschrieben in European Central Bank (2003), eine Analyse bieten Belke/Styczynska (2006).

EWU aufgenommenen kleinen Länder in besonderem Maße – und könnten daher einer Erweiterung skeptisch gegenüberstehen.

Weiterhin machte bereits der Vergleich der nationalen Pro-Kopf-Einkommen in Abbildung 1 deutlich, dass die Währungsunion durch eine Erweiterung deutlich heterogener würde – wobei das Wohlstandsspektrum nach unten ausgeweitet würde. Dadurch steigt auch die potentielle Relevanz von internationalen Inflationsdifferentialen durch den sog. Balassa-Samuelson-Effekt. Da in den (noch) ärmeren Ländern eine im Durchschnitt höhere Inflationsrate zu erwarten ist, würde dies auch das Stabilitätsziel der EWU schwieriger erreichbar machen. In der empirischen Literatur wird der Effekt als existent, wenn auch quantitativ nicht besonders gravierend beschrieben.[11] In jüngerer Zeit werden für die reale Aufwertung in den potentiellen Beitrittsländern aber auch andere Faktoren verantwortlich gemacht. So vertreten Égert/Podpiera (2008) die Ansicht, dass in den Preisstatistiken nicht berücksichtigte Qualitätsverbesserungen die internationalen Inflationsdifferentiale erklären. MacDonald/Wójcik (2008) zeigen in einem Modell der sog. Neuen Neoklassischen Synthese, dass Inflationsdifferentiale aufgrund von Heterogenitäten bei nicht-homothetischer Nachfragestruktur entstehen können. Dies ist allerdings für die zentral- und osteuropäischen Länder lediglich insoweit spezifisch als dadurch die Heterogenität der Währungsunion erhöht und damit die potentielle Bedeutung des Phänomens gesteigert wird.

Ein weiteres Problem ist die in Zentral- und Osteuropa nach wie vor virulente Korruption. Zwar ist diese auch für ganz andere Politikbereiche relevant, allerdings kann Korruption auch dafür sorgen, dass eine weniger stabilitätsorientierte Geldpolitik als gesellschaftlich optimal angesehen wird (Huang/Wei 2006). Dass innerhalb der EU hier vor allem in Bulgarien und Rumänien noch Handlungsbedarf besteht, lässt sich schon allein aus den sehr expliziten Berichten und Stellungnahmen der Europäischen Kommission zu diesem Thema ablesen.[12] Tabelle 9 zeigt Ränge und Indexwerte des jährlich berechneten Corruption Perception Index[13]. Zwar ist das derzeit nach diesem Maß korrupteste EWU-Mitglied Griechenland noch deutlich hinter einigen der potentiellen Beitrittsländern platziert, allerdings sind mit Polen, Bulgarien und Rumänien auch drei Länder dabei, in denen die Korruption eine noch ausgeprägtere Rolle spielt. In dieser Hinsicht würde sich also die EWU durch eine Erweiterung eindeutig verschlechtern.

---

[11] Vgl. Blaskiewicz et al. (2004) für einen survey.

[12] Die zum Zeitpunkt der Abfassung dieses Textes letzten Berichte wurden Ende Juli 2008 veröffentlicht und können unter http://ec.europa.eu/dgs/secretariat_general/ cvm/progress_reports_en.htm eingesehen werden.

[13] Der Index ist normiert auf den Bereich zwischen 0 (völlig korrupt) und 10 (keinerlei Korruption). Die Ränge beziehen sich auf die Grundgesamtheit von 180 Ländern. Quelle: http://www.transparency.org/

Land	Rang	Index	Land	Rang	Index
Dänemark	1	9,4	Litauen	51	4,8
Deutschland	16	7,8	Griechenland	56	4,6
Estland	28	6,5	Polen	61	4,2
Ungarn	39	5,3	Bulgarien	64	4,1
Tschechische Republik	41	5,2	Rumänien	69	3,7
Slowakei	49	4,9	Russland	143	2,3
Lettland	51	4,8	Somalia/Burma	180	1,4

Tabelle 9: Corruption Perception Index 2007 für ausgewählte Länder

Bei den letzten EWU-Erweiterungen konnten Skeptiker immer auch mit dem Hinweis darauf beruhigt werden, dass quantitativ letztlich nur eine marginale Erweiterung der ursprünglich elf Länder stattfand. Natürlich ändern sich aggregierte Größen auf der EWU-Ebene kaum, wenn kleine Länder wie Zypern oder Malta dazu stoßen.

Tabelle 10 zeigt die prozentualen Zuwächse von Bevölkerung und BIP jeweils relativ zu den Ländern der Euro-11. Es zeigt sich hier in der Tat, dass die bisherigen Erweiterungen relativ zu den potentiell bevorstehenden insb. mit Blick auf die Bevölkerung deutlich kleiner waren. Allerdings würden bei der Osterweiterung insb. Polen und – was die Bevölkerung angeht – Rumänien spürbar ins Gewicht fallen, während der Beitritt anderer Länder eine quantitativ doch eher marginale Erweiterung darstellen würde.

Bisherige Erweiterungen			EWU-Osterweiterungen		
	Bev.	BIP		Bev.	BIP
Griechenland	3,72	2,67	Bulgarien	2,56	0,34
Zypern	0,26	0,17	Estland	0,45	0,18
Malta	0,14	0,06	Lettland	0,76	0,23
Slowenien	0,67	0,39	Litauen	1,12	0,33
Slowakei	1,79	0,64	Polen	12,68	3,59
Summe	*6,58*	*3,93*	Rumänien	7,07	1,42
			Tschechische Republik	3,41	1,33
			Ungarn	3,34	1,18
			Summe	*31,40*	*8,59*

Tabelle 10: Quantitative Bedeutung der Erweiterungen

7 Wollen II: Wollen die osteuropäischen Länder?

Kommen wir damit zur Frage, ob die osteuropäischen Länder wirklich beitrittswillig sind. Wie bereits bei der Diskussion der Maastricht-Kriterien festgestellt, kann insb. der in einigen Ländern nicht erfolgte Beitritt zum Wechselkursmechanismus II als klares Indiz für einen mangelnden Beitrittswillen gewertet werden. Natürlich gibt es in allen Ländern sowohl Befürworter als auch Gegner eines baldigen Beitritts – so wie das auch für das europäische Integrationsprojekt insgesamt gilt und wie dies auch in den E(W)U-Kernstaaten festzustellen ist. Repräsentative Umfragen zur Bewertung der EWU werden regelmäßig im Rahmen des Eurobarometers durchgeführt. In der Ausgabe 9/2007 ergab sich ein gemischtes Bild.

	gut	schlecht	weiß nicht
Bulgarien	44	39	17
Estland	40	45	15
Lettland	34	51	15
Litauen	35	53	12
Polen	53	32	15
Rumänien	67	18	15
Tschechische Republik	46	40	14
Ungarn	48	38	14

Tabelle 11: Ist der EWU-Beitritt auf nationaler Ebene eher gut oder schlecht zu bewerten?

	teurer	billiger	gleich	weiß nicht
Bulgarien	83	2	9	7
Estland	89	2	6	4
Lettland	82	5	7	6
Litauen	86	2	9	3
Polen	80	4	8	8
Rumänien	52	14	18	17
Tschechische Republik	80	5	10	6
Ungarn	72	7	12	9

Tabelle 12: Wird Euro für Preisänderungen sorgen?

Auf die Frage, ob ein EWU-Beitritt eher gut oder schlecht zu beurteilen wäre, antwortete zwar nur in Polen und Rumänien eine absolute Mehrheit positiv, allerdings überwogen in immerhin fünf der acht Länder die positiven Beurteilungen die negativen (Tabelle 11). Die Ergebnisse in Tabelle 12 zeigen aber auch, dass in allen Ländern eine teilweise sehr deutliche Mehrheit der Befragten der

Ansicht ist, dass die Einführung der Gemeinschaftswährung für höhere Preise sorgen wird. Die Wahrnehmung des Euro als „Teuro" existiert also nicht nur in den Ländern, die den Euro bereits einführten[14], sondern wird bereits in potentiellen neuen Teilnehmerstaaten antizipiert. Es ist durchaus erstaunlich, dass trotz dieser Wahrnehmung die Einführung des Euro von vielen als positiv eingeschätzt wird.

8   Fazit

Die ersten zehn Jahre des Euro brachten die Erkenntnis, dass eine Währungsunion zwischen sehr unterschiedlichen Volkswirtschaften gut funktionieren kann – und dass die gemeinsame Währung auch international mehr Bedeutung haben kann als die Summe der nationalen Währungen. Vor diesem Hintergrund stehen der Osterweiterung der EWU keine grundsätzlichen Argumente entgegen, auch wenn sich die Heterogenität innerhalb des Währungsraums deutlich erhöhen würde.

Allerdings kann in nächster Zukunft nach dem Beitritt der Slowakei zum 1.1.2009 nicht schnell mit einer weiteren Erweiterungsrunde gerechnet werden. Derzeit erfüllt kein einziges der in Frage kommenden Länder alle Maastricht-Kriterien. Mit Ausnahme der prekären fiskalischen Situation in Ungarn sind aber alle Verletzungen der Kriterien entweder in einem moderaten Bereich oder aber – mit Blick auf die Nicht-Teilnahme am Wechselkursmechanismus II – bewusst gesetzt. Dennoch gab es in den vergangenen Jahren keine dramatischen Wechselkursentwicklungen zwischen dem Euro und den nationalen Währungen der potentiellen Beitrittsstaaten. Dies rührt auch daher, dass in diesen Ländern die Vorteile einer stabilitätsorientierten Geldpolitik gesehen werden und die nationalen Geldpolitiken entsprechend unbeeinflusst von der – ansonsten teilweise recht volatilen – Regierungspolitik formuliert und durchgesetzt werden können. Da es für den Erfolg einer erweiterten Währungsunion letztlich weniger auf eine vergangenheitsbezogene Punktlandung bei den Maastricht-Kriterien ankommt als vielmehr auf den politischen Willen, ein Stück nationaler Handlungskompetenz aufzugeben, dürften mittel- und langfristig die Länder Osteuropas den Schritt in die EWU tun. Jedenfalls aus heutiger Perspektive spricht nichts dagegen, dass die EWU auch nach dieser Erweiterung den erfolgreichen Weg des ersten Jahrzehnts ihrer Existenz fortsetzt.

Mit Blick auf den Beitritt Großbritanniens zur EWU gab Willem Buiter – von 1997 bis 2000 Mitglied des Monetary Policy Committees der Bank of England –

---

[14] Vgl. Hinze (2006) und Brachinger (2008) zu diesem Thema.

folgende Einschätzung zu Protokoll: „The case for the UK shedding sterling and adopting the euro has never been clearer. [...] there is no reasonable argument for a small, highly open economy such as Britain's to retain monetary independence."[15] Man muss die Meinung nicht teilen, dass es gar kein „vernünftiges Argument" für eine nationale Geldpolitik mehr geben mag. Aber wenn Großbritannien als klein und offen genug angesehen wird, dass eine nationale Währung entbehrlich ist, dann trifft das für jeden der osteuropäischen Beitrittskandidaten sicherlich erst recht zu.

Literatur

Baldwin, R. (2006): The Euro's Trade Effect, ECB Working Paper Series, No. 594, March 2006

Beck, G., Weber, A. (2005): Inflation Rate Dispersion and Convergence in Monetary and Economic Unions: Lessons for the ECB, CFS Working Paper

Belke, A., Styczynska, B. (2006): The Allocation of Power in the Enlarged ECB Governing Council - An Assessment of the ECB Rotation Model, in: Journal of Common Market Studies, Vol. 44, pp. 865-895

Blaskiewicz, M., Przemyslaw, K., Rawdanowicz, L., Wozniak, P. (2004): Harrod-Balassa-Samuelson effect in selected countries of central and eastern Europe, CASE Reports No. 57

Brachinger, H.W. (2008): A new index of perceived inflation: Assumptions, method, and application to Germany, in: Journal of Economic Psychology, Vol. 29, pp. 433-457

Cukierman, A., Miller, G. P., Neyapti, B. (2002): Central Bank Reform, Liberalization and Inflation in Transition Economies - An International Perspective, in: Journal of Monetary Economics, Vol. 49, pp. 237-264

De Grauwe, P. (2007): The Economics of Monetary Union, 7th ed., Oxford University Press

---

[15] Das Zitat entstammt einem Beitrag Buiters für die Financial Times Deutschland vom 3.6.2008.

Égert, B., Podpiera, J. (2008): Structural Inflation and Real Exchange Rate Appreciation in Visegrad-4 Countries: Balassa-Samuelson or Something Else?, CEPR Policy Insight No. 20, April 2008

Europäische Zentralbank (2008): Konvergenzbericht, Mai 2008
Feldstein, M. (1997): The Political Economy of the European Economic and Monetary Union: Political Sources of an Economic Liability, in: Journal of Economic Perspectives, Vol. 11, pp. 23- 42

European Central Bank (2003): The adjustment of voting modalities in the Governing Council, in: Monthly Bulletin, May 2003, pp. 73-83

European Commission (2008): EMU@10: Successes and Challenges After 10 Years of Economic and Monetary Union, May 2008

Frankel, J., Rose, A. (1998): The Endogeneity of the Optimum Currency Area Criteria, in: Economic Journal, Vol. 108, pp. 1009-1025

Hinze, Jörg (2006); „Wahre" Teuerungsrate – Divergenzen zwischen Preismessung und Inflationswahrnehmung, in: Wirtschaftsdienst 2/2006, S. 125-131

Huang, H., Wei, S.-J. (2006): Monetary policies for developing countries: The role of institutional quality, in: Journal of International Economics, Vol. 70, pp. 239-252

Hughes Hallett, A., Richter, C. (2008): Have the Eurozone economies converged on a common European cycle?, in: International Economics and Economic Policy, Vol. 5, pp. 71-101

Klöckers, H.-J. (2008): 8 ½ Jahre europäische Geldpolitik. Eine Zwischenbilanz, in diesem Band.

Krugman, P. (1991): Geography and Trade, MIT-Press, Cambridge/Mass.

MacDonald, R., Wójcik, C. (2008): Catching-up and inflation differentials in a heterogenous monetary union: Some implications for the euro area and new EU Member States, in: Economic Systems, Vol. 32, pp. 4-16

Ottaviano, G., Taglioni, D., di Mauro, F. (2007): Deeper, Wider and More Competitive? Monetary Integration, Eastern Enlargement and Competitiveness in the European Union, ECB Working Paper Series, No. 847, December 2007

Rose, A. (2000): One Money, One Market: Estimating the Effect of Common Currencies on Trade, in: Economic Policy, Vol. 30, pp. 9-45

Staehr, K. (2008): Fiscal policies and business cycles in an enlarged euro area, in: Economic Systems, Vol. 32, pp. 46-69

Untiedt, G. et al. (2007): Auswirkungen der EU-Erweiterung auf Wachstum und Beschäftigung in Deutschland und ausgewählten EU-Mitgliedstaaten, IAB-Bibliothek 311, Nürnberg

Weimann, M. (2005): EWU-Beitritt der neuen EU-Mitglieder: Ist eine gemeinsame Geldpolitik für ganz Europa sinnvoll?, in: ifo Dresden berichtet 1/2005, S. 27-31

When Will the New EU Member States Adopt the Euro? Comment to Jürgen Jerger "The Enlargement of the EMU"

Agnieszka Stążka[*]

December 2008

1   Introduction

If I met someone who wanted to learn about the most important issues related to the enlargement of the Economic and Monetary Union, I would highly recommend that they read Prof. Jerger's article "The Enlargement of the EMU". On as few as around 20 pages, the author has managed to summarise the experience of the EMU up to date; explain the legal status of the current European

---

[*] Dr. Agnieszka Stążka is senior economist at the National Bank of Poland and assistant professor at the Warsaw School of Economics. The views and opinions expressed in this article are those of the author and need not necessarily reflect the official position of the National Bank of Poland.

Union members who have not (yet) introduced the euro; present our current understanding of what constitutes an optimum currency area; discuss the Maastricht criteria that have to be met by a country willing to join the euro area; and analyse the attitudes of both current euro area members and euro outsiders towards the expansion of the common currency to the east.

The article, concise as it is, thus covers many aspects of an exceptionally complex subject. Adding to its virtues are the vivid language, including the brilliant idea of providing individual sections with the headings 'Must', 'Should', 'May', and 'Want' ('*Müssen*', '*Sollen*', '*Dürfen*', and '*Wollen*'). All in all, Prof. Jerger's contribution is very informative and pleasant to read – and, although quite balanced, generally euro-enthusiastic. As such, it neatly summarises the main arguments that are being brought forward by those Central and Eastern European economists and policymakers who are advocating a rapid changeover to the euro.

Still, as it happens with short articles touching upon very complex issues, there are some aspects that an interested reader – such as the author of this comment – might either see from a different perspective, or find relevant but largely or entirely absent from Prof. Jerger's contribution. The following sections will briefly discuss such aspects. It is important to note, however, that the choice of those 'missing' or 'to-be-corrected' issues is rather subjective, and that another reader might see things very differently.

Before proceeding, one technical remark is due. All new member states of the EU (i.e. the countries that joined the EU in 2004 or 2007, henceforth referred to as the NMS) are already members of the EMU with a derogation. As in Prof. Jerger's article, the terms 'joining the EMU' or 'EMU enlargement' will thus refer to the transition of these countries to the third stage of the EMU and will be used interchangeably with 'the adoption of the euro'.

The remainder of this article is structured as follows. The next section discusses the question as to whether the EU of 27 countries is an optimum, or at least a viable, currency area (the 'should' question in Prof. Jerger's article). Section 3 deals with the Maastricht criteria (the 'may' question), focussing on the price stability criterion. Section 4 analyses the issue of incentives from the perspective of both current and prospective euro area countries (the 'want' question); attention is also paid to the impact of the current financial crisis on the outlook for the EMU enlargement. Section 5 concludes.

2   Should: Is EU-27 an Optimum Currency Area?

In Section 4 of his article, Prof. Jerger summarises the current understanding of our profession as to what constitutes an optimum currency area (OCA) – or at least a sustainable or viable currency area (strictly speaking, the name 'optimum' is a misnomer, as underlined e.g. by Vaubel 1976). The consensus seems to be quite optimistic with regard to the EMU enlargement: firstly, monetary integration in Europe is associated with vast benefits, resulting from a drop in transaction costs, increased competition and fiscal discipline. Secondly, as shown by Frankel and Rose (1997, 1998), the OCA criteria are endogenous, i.e. joining a monetary union makes the country in question more open to, and better aligned (in terms of business cycles) with other countries of the union. In other words, countries that do not constitute a viable currency area *ex ante* can still become one *ex post*.

Obviously, this does not mean that *any* set of countries can form an advantageous common currency area. For the viability of a monetary union, a certain level of structural similarity or convergence among the candidate countries should be achieved before the accession. The question arises, then, as to whether the NMS have already achieved this critical level of similarity. Prof. Jerger explicitly points to the large differences in GDP per capita between the NMS and the 'old' EU member states (i.e. the 15 countries that constituted the EU before 2004, henceforth EU-15). He stresses that the euro area's expansion to include the former group of countries will increase the degree of heterogeneity of that area. Through the Balassa-Samuelson effect, this will lead to higher average inflation rates in the NMS and, consequently, the euro area as a whole. The author thus takes the perspective of the current EMU members, pointing out that the income gap can be viewed as an argument against a rapid EMU enlargement.

What the article fails to spell out in this context, however, is the fact that the very same argument can be used to justify the reluctance of some NMS to adopt the euro sooner rather than later. Even though some authors (e.g. Buiter 1995) argue that real convergence or divergence is irrelevant for monetary union, there are some problems that the large income gap between the EU-15 and the NMS may pose in the context of the EMU enlargement. With a lower per capita income and productive capital stock, the Central and Eastern European economies (with the notable exception of the Czech Republic, see below) are generally characterised by a natural real interest rate which exceeds that of the euro area. Those NMS which currently pursue monetary policies of their own[1] are able to achieve both low inflation and higher real interest rate only by keeping the nominal interest rate above the level prevailing in the euro area.

An early euro adoption by these countries would involve a decrease in nominal interest rates, and the resulting drop in real interest rates would fuel domestic demand and inflationary pressure. With the nominal exchange rate against the

---

[1] It is worth stressing that 'monetary policies of their own' does not mean 'purely independent monetary policies' in the case of the NMS. In the conduct of its monetary policy, the central bank of a small open economy can hardly ignore the policies pursued by the central banks of larger economies.

euro remaining irrevocably fixed, a positive inflation differential against other euro area countries would translate into real exchange rate appreciation and diminished competitiveness of the domestic economy, leading to deterioration in the current account and in the longer run – ceteris paribus – to sluggish economic growth. This is precisely what happened in those EU-15 countries which were characterised by significantly higher nominal interest rates than Germany before the start of the EMU, e.g. Ireland, Portugal and Spain (Blanchard 2007, Fagan and Gaspar 2007, 2008). The possibility of such a boom-bust scenario has been confirmed by the recent experience of the Baltic states, which have maintained fixed exchange rates against the euro, and is also considered to be probable, or at least possible, in the case of some other NMS after the euro adoption (Eichengreen and Steiner 2008).

The above remarks do not apply to one of the NMS, namely the Czech Republic, which for some peculiar reasons seems to be characterised by a negative natural real interest rate (Slacík 2008). In this case, an early euro adoption would involve an *increase* in the real interest rate and might thus lead – ceteris paribus – to low domestic demand, deceleration of investment activity and slower potential output growth.

Another relevant issue related to optimum currency areas is that of the nominal exchange rate as a mechanism of adjustment to asymmetric shocks. In this context, Prof. Jerger rightly points out that the flexible exchange rate as a policy instrument is largely superfluous in small open economies with largely diversified output structures, synchronous business cycles, and similar preferences with regard to stabilisation policy, especially when other shock absorbing instruments are available. He also underlines that the exchange rate can be manipulated by governments to neutralise the effects of overly expansionary policies. What seems to be missing from the argumentation is the fact that exchange rate flexibility can be harmful to macroeconomic stability even without any tinkering by policymakers. As noted already by Mundell (1973) and reiterated three decades later by Mundell (2003), exchange rates often fluctuate out of line with the underlying fundamentals and can thus be a source of shocks rather than shock absorbing instruments. Many authors (e.g. Buiter 2000, Buiter and Grafe 2002 or Maurel 2004) argue that for this reason, any of the NMS would be better-off in the euro area than with a freely floating national currency.

Still, there are two caveats to be aware of. Firstly, some empirical studies find that the nominal exchange rates of several NMS have actually behaved as shock absorbing rather than shock propagating instruments (Dibooglu and Kutan 2001, Kontolemis and Ross 2005, Rodríguez and Torres 2007, Stążka 2008). This result may be interpreted as a signal that the adoption of the euro by these countries may – at least initially – contribute to decreased macroeconomic stability. Secondly, for those NMS which currently maintain a (managed) floating exchange rate regime, appreciation of the nominal exchange rate can be, and usually is, a useful channel through which the Balassa-Samuelson effect manifests itself. The euro adoption, involving an irrevocable fixing of the nominal exchange rate against the euro, will only leave one channel open, namely a positive inflation differential against other euro area countries – with all the above-described consequences. It has to be stressed that these two caveats do not apply to those NMS whose exchange rates against the euro are already fixed, i.e. those countries where either a currency board (as in Bulgaria, Estonia or Lithuania) or a conventional fixed exchange rate regime (as in Latvia) is in place.

The conclusion from Section 2 of Prof. Jerger's article, which summarises the experience of the euro area up to date, is that the success of the EMU in its first ten years confirms the viability of the monetary union in Europe. In the light of the above arguments, this conclusion applies to some NMS only with reservations, at least in the short- to medium-term perspective. Even though the expected benefits resulting from the euro adoption are indeed large, there may also be certain costs if the exchange rate instrument is given up too early.

3   May: Meeting the Maastricht Inflation Criterion in EU-27

Section 5 of Prof. Jerger's article deals with the nominal convergence criteria stipulated in the Maastricht treaty and shows to what extent the NMS fulfil them. Without doubt, the sustainability of the government financial position is a sine qua non for the viability of a monetary union, and the Maastricht fiscal criteria – even though their reference values seem rather arbitrary – can be thought of as a good benchmark for the assessment of a country's fiscal prudence. The Maastricht price stability criterion (often referred to as inflation criterion), in contrast, has been subject to much criticism in the recent years, and it is these controversies that I would like to focus on in the following.

First of all, it is worth stressing that the price stability criterion is specified in relative terms – relative to the three best-performing member states *of the* EU, not those of the euro area. This formulation was obvious at the time when the Maastricht treaty was laid out, as there was no euro area that could serve as a point of reference instead of the individual EU countries. Between January 2001 and April 2004, the price stability criterion posed no practical problems: firstly, no EU country staying out of the euro area had the aim of adopting the common currency at a near date, and secondly, there were only three non-euro EU countries whose inflation developments could affect the level of the reference value for the price stability criterion. The 'great enlargement' of May 2004, however, changed the situation dramatically, as the pools of both euro candidate countries and potential non-euro reference countries expanded by ten. This has led to a situation where price developments in non-euro EU member states significantly affect the chances of euro adoption by other candidate countries. The case of Lithuania's failed attempt to join the EMU in January 2007 provides a good example: if only the euro insiders had been taken into account while calculating the reference value for the 2006 Convergence Reports, inflation in Lithuania would have been below that value. However, the country missed the reference value by 0.1 percentage points because two euro outsiders – Poland and Sweden – were included in the reference group (EC 2006, ECB 2006)[2]. Therefore, several authors (e.g. Buiter 2004, Buiter and Sibert 2006, Jonas 2006) have argued that in an enlarged EU where roughly half of the member states have adopted the euro, only euro area countries, or simply the euro area as a whole, may be thought of as the economically meaningful benchmark for the newcomers.

Moreover, these and other authors have underlined the conflict between the real convergence and the resulting Balassa-Samuelson effect on the one hand and the nominal convergence criteria on the other hand, especially in the case of those NMS which maintain fixed exchange rates against the euro (Buiter and Grafe 2002). The empirical results regarding the strength of the Balassa-Samuelson effect in the NMS are mixed, but even a small increase in average inflation resulting from this phenomenon certainly makes the inflation criterion more difficult to meet. This conclusion is reinforced by two arguments: firstly, the expansion of the EU to include new countries can lower the reference value, but could not raise it (Lewis and Staehr 2007). Secondly, it is uncertain how the reference value would be computed if several EU countries recorded negative inflation rates for a prolonged period of time – a situation which until recently seemed highly improbable, but cannot be ruled out given the current financial crisis, the recession in the euro area and the deteriorating outlook for global growth (see next section). Obviously, deflation is hardly compatible with price stability, but this argument was not brought up by the European Central Bank in its 2004 Convergence Report where Lithuania was excluded from the reference group on the grounds of a negative inflation rate. Rather, the country was judged to be an outlier, with falling prices being 'due to the accumulation of specific factors' (ECB 2004, p. 8)[3]. As neither the ECB nor the European Commission have clearly committed themselves to exclude countries with negative inflation rates from the reference group (see the discussion in Lewis and Staehr 2007), it is thinkable that deflation in several advanced EU countries could lead to a very low reference value for the inflation criterion in the 2010 Convergence Reports.

All in all, the Maastricht price stability requirement is arguably more difficult to meet in an enlarged EU, especially for the Baltic states and Bulgaria. This, along with the fact that the NMS are very small in terms of GDP relative to the euro

---

[2] Admittedly, the assessment that Lithuania did not fulfil the price stability criterion was also based on the forward-looking argument that the decrease in inflation observed over the preceding months was unsustainable. After the assessment, inflation in Lithuania did rise again.

[3] I would like to thank Anna Kosior from the National Bank of Poland for drawing my attention to this fact.

area, has led some economists to argue that the inflation criterion should be made more flexible (Buiter 2004, Lewis 2007, Jonas 2006). The current euro area members, however, are not interested in watering down the Maastricht criteria – but this is the 'want' question and as such it will be dealt with in the next section.

4 Want: The Current Financial Crisis and the Attitudes towards EMU Enlargement

Sections 6 and 7 of Prof. Jerger's contribution deal with the attitudes towards the EMU enlargement on the part of respectively the current euro area insiders and outsiders. I fully agree that the euro area countries have reasons to be sceptical about the enlargement, and these reasons include not only the fact that expanding the number of EMU members leads to diminishing role of the current insiders, especially the smaller ones, in the decision-making of the ECB. A more important reason is the wide income gap between the EU-15 and the NMS, with all its consequences described in the previous sections, including the higher natural real interest rates and the Balassa-Samuelson effect, which may lead to a certain increase in average inflation in an enlarged EMU. The fact that some NMS lag behind the average of the EU-15 in terms of e.g. corruption may be seen as another argument against enlargement.

As discussed in the previous section of this article, some economists believe that the Maastricht criteria should be relaxed to let the NMS join the euro more easily. They point out that these countries are too small to significantly affect inflation in the entire euro area. Buiter (2004, p. 40) even goes so far as to compare the strict application of the Maastricht criteria to the NMS to hazing (the humiliation and abuse of freshmen at universities by older students) and argues that the main reason for sticking to both the Maastricht criteria and hazing is the fact that the more advanced euro area members and older university students had to go this unpleasant path themselves. From the point of view of such NMS as Lithuania, which was denied the permission to join the EMU, Buiter might have a point. Still, the euro is a very young currency and, despite its success up to date, it is understandable that the current member states are reluctant to take any steps that could undermine the common currency's stability, e.g. allow countries that might not yet be ready for the EMU to join in.

Turning to the attitudes on the part of the euro outsiders, it is worth reiterating that apart from the Baltic states and Slovakia (which will introduce the euro in January 2009), none of the NMS staying out of the euro area has joined the Exchange Rate Mechanism II. Prof. Jerger interprets this fact as a clear signal of reluctance to adopt the euro at a near date, but I would disagree. The above hypothesis is most probably true for the Czech Republic, which is generally sceptical about the euro, perhaps because of its peculiarly low natural real interest rate. For the remaining four NMS, the reasons may be different. It should be stressed that joining the ERM II only makes sense if there is very high probability that the country in question will be able to adopt the euro in a three-year horizon.

The failure to join the mechanism might thus be due to the mere recognition that meeting all the criteria indispensable for joining the EMU is hardly possible in the near term. In the case of Hungary, the unsustainable government finance position and the recent political crises are the main factors making an early euro adoption impossible. In Bulgaria and Romania, the price stability criterion is of critical importance. Poland, in turn, should be able to fulfil all the Maastricht criteria in mid-2011 if enough effort is put into achieving this goal, set by the current government in October 2008. Nevertheless, as underlined by Prof. Jerger, uncertainty remains as to whether the internal requirements for joining the EMU will be met, i.e. whether (and when) the required majority in Poland's Parliament will support the necessary amendments in the constitution. Without having ensured success in this respect, there is no point in joining the ERM II, especially in a time when the global financial markets are plagued by turbulence and high risk aversion. At the time this article was written, the largest opposition party – whose support is critical for amending the constitution – was calling for a national referendum on the euro adoption in mid-2009.

Before concluding, a comment is due on the impact of the current financial crisis on the EMU enlargement process. When the idea of this book was born, we still lived in a relatively predictable world, even though the U.S. subprime mortgage market had already crashed, wreaking havoc upon the global financial markets. The year 2008, however, saw the unwinding of a *sui generis* financial crisis whose scale and consequences for the world economy surprised many, if not most. The increase in uncertainty as to the outlook for the global economy has indeed been exceptional, which is reflected, among others, in the repeated downward revisions of growth forecasts for many advanced economies. Suffice it to say that between August and November 2008, the forecast for U.S. GDP growth in 2009 was revised from 1.5% (which was already low) to –0.2%[4], and that only a month after releasing its October *World Economic Outlook*, the IMF published an update in which the growth forecasts were further revised downwards (IMF 2008a, b).

Arguably, such exceptional circumstances will not leave unaffected the attitudes of both EMU insiders and outsiders towards the expansion of the euro area. One can expect that the current euro area members will become less willing to allow new countries join in because, firstly, they will be too busy dealing with the financial crisis and recession at home; secondly, they will be even more reluctant to give up any of their voting power at the ECB; finally, increased uncertainty

---

[4] Source: Federal Reserve Bank of Philadelphia (2008a, b).

might increase the reluctance to change the status quo – it is natural that attitudes stiffen in difficult times.

At the same time, the crisis certainly offers the EMU outsiders more incentives to adopt the euro as soon as possible than it was the case in more peaceful times. This autumn's turbulence in the global financial markets has led to strong depreciation of the currencies of emerging market economies, including those in the Central and Eastern Europe – with the exception of the Slovak koruna, which was shielded by the perspective of the changeover to the euro in January 2009. This has caused policymakers in several of the NMS to start speaking loud about the disadvantages of being a small open economy staying out of the common currency area.

In any case, the current crisis has negatively affected the chances of euro area expansion in the near term, not only because of the reluctance of the EMU members. As argued in Section 3 of this article, fulfilling the Maastricht price stability criterion will not be easy given the recession and very low inflation expected in many EU countries. The downgrade of the credit rating of several NMS has increased the country-specific risk premiums, making the Maastricht interest rate criterion more difficult to satisfy, while at the same time increasing the cost of public debt service. The latter, along with the deterioration of the government financial position resulting from economic slowdown, will be conducive to a higher probability of failing to meet the fiscal criteria. Last but not least, the observance of the normal exchange rate fluctuation margins in the ERM II will be a hard task given the high volatility in the financial markets.

To sum up, due to the exceptional circumstances, the euro adoption by any of the NMS in the nearest future is indeed an ambitious goal – but certainly not one that cannot be achieved, provided the euro candidate countries make significant efforts in the right direction and the current EMU members are not overly cautious when assessing the effects of these efforts.

5 Conclusion

As stated in the introduction, the aim of this article has been to touch upon certain aspects of the EMU enlargement which – from the purely subjective viewpoint of the author of this article – seemed worth adding to Prof. Jerger's "The Enlargement of the EMU". All in all, the general conclusion is the same here as there: the euro has been a success, and even though the new EU member states do not fulfil all Maastricht criteria at the moment, they will do so and adopt the euro sooner or later. Admittedly, certain parts of this comment (especially Section 2) might have sounded more sceptical about the EMU enlargement than the corresponding sections of the original contribution, but it has to be stressed that this scepticism only relates to the short term. In the medium to long term, the full membership of all NMS in the EMU is not only the only legally permitted option, but also the only economically and politically sensible arrangement. A potential problem in this respect is the recognition of just how short the short run is. The question as to whether the current financial crisis will lead to a prolonged standstill in the EMU enlargement process is also an open one. The nearest couple of years will bring answers to these questions.

References

Blanchard, Olivier (2007): "Adjustment within the Euro. The Difficult Case of Portugal", Portuguese Economic Journal, 6 (1), pp. 1-21.

Buiter, Willem H. (1995): "Macroeconomic Policy during a Transition to Monetary Union", CEP Discussion Paper 261.

Buiter, Willem H. (2000): "Monetary Misconceptions", CEP Discussion Paper 469.

Buiter, Willem H. (2004): "To Purgatory and Beyond: When and How Should the Accession Countries from Central and Eastern Europe Become Full Members of EMU?", CEPR Discussion Paper 4342.

Buiter, Willem H. and Clemens Grafe (2002): "Anchor, Float or Abandon Ship: Exchange Rate Regimes for the Accession Countries", European Investment Bank Papers, 7 (2), pp. 51-71.

Buiter, Willem H. and Anne C. Sibert (2006): "Beauties and the Beast. When Will the New EU Members from Central and Eastern Europe Join the Eurozone?", mimeo, London School of Economics and Political Science, available at http://www.nber.org/~wbuiter/beauties.pdf.

Dibooglu, Selahattin and Ali M. Kutan (2001): "Sources of Real Exchange Rate Fluctuations in Transition Economies: The Case of Poland and Hungary", Journal of Comparative Economics, 29 (2), pp. 257-275.

Eichengreen, Barry and Katharina Steiner (2008): "Is Poland at Risk of a Boom-and-Bust Cycle in the Run-Up to Euro Adoption?", NBER Working Paper 14438.

EC (2006): "2006 Convergence Report on Lithuania", European Economy, 2/2006, European Commission.

ECB (2004): "Convergence Report 2004", European Central Bank.

ECB (2006): "Convergence Report 2006", European Central Bank.

Fagan, Gabriel and Vítor Gaspar (2007): "Adjusting to the Euro", ECB Working Paper 716.

Fagan, Gabriel and Vítor Gaspar (2008): "Macroeconomic Adjustment to Monetary Union", ECB Working Paper 946.

Federal Reserve Bank of Philadelphia (2008a): "Survey of Professional Forecasters. Third Quarter 2008".

Federal Reserve Bank of Philadelphia (2008b): "Survey of Professional Forecasters. Fourth Quarter 2008".

Frankel, Jeffrey A. and Andrew K. Rose (1997): "Is EMU More Justifiable Ex Post than Ex Ante?", European Economic Review, 41 (3-5), pp. 753-760.

Frankel, Jeffrey A. and Andrew K. Rose (1998): "The Endogeneity of the Optimum Currency Area Criteria", Economic Journal, 108 (449), pp. 1009-1025.

IMF (2008a): "World Economic Outlook October 2008. Financial Stress, Downturns, and Recoveries", International Monetary Fund.

IMF (2008b): "World Economic Outlook October 2008. Update", International Monetary Fund.

Jonas, Jiri (2006): "Euro Adoption and Maastricht Criteria: Rules or Discretion?", Economic Systems, 30 (4), pp. 328-345.

Kontolemis, Zenon G. and Kevin Ross (2005): "Exchange Rate Fluctuations in the New Member States of the European Union", Economics Working Paper Archive 0504015.

Lewis, John (2007): "Hitting and Hoping? Meeting the Exchange Rate and Inflation Criteria during a Period of Nominal Convergence", CESifo Working Paper 1902.

Lewis, John and Karsten Staehr (2007): "The Maastricht Inflation Criterion: What is the Effect of Expansion of the European Union?", DNB Working Paper 151.

Maurel, Mathilde (2004): "Financial Integration, Exchange Rate Regimes in CEECs, and Joining the EMU: Just Do It...", William Davidson Institute Working Paper 650.

Mundell, Robert A. (1973): "A Plan for a European Currency", in: Johnson, Harry G. and Alexander K. Swoboda (eds.): "The Economics of Common Currencies: Proceedings of the Madrid Conference on Optimum Currency Areas", George Allen & Unwin, London, pp. 143-173.

Mundell, Robert A. (2003): *without title*, in: HM Treasury (2003): "Submissions on EMU from Leading Academics. EMU Study", pp. 197-202.

Rodríguez López, Jesús and José Luis Torres Chacón (2007): "Following the Yellow Brick Road to the Euro? The Czech Republic, Hungary and Poland", Eastern European Economics, 45 (6), pp. 47-80.

Slacík, Tomás (2008): "(How) Will the Euro Affect Inflation in the Czech Republic? A Contribution to the Current Debate", FIW Working Paper 018.

Stążka, Agnieszka (2008): "Polen auf dem Weg zur Wirtschafts- und Währungsunion: Der flexible Wechselkurs als ein Instrument zur Absorption asymmetrischer Schocks", Duncker & Humblot, Berlin.

Vaubel, Roland (1976): "Real Exchange-Rate Changes in the European Community: The Empirical Evidence and Its Implications for European Currency Unification", Weltwirtschaftliches Archiv, 112 (3), pp. 429-470.

Freiburger Wirtschaftswissenschaftler e.V.

Der Verein ist die Absolventenvereinigung des Bereichs Wirtschaftswissenschaften der Albert-Ludwigs-Universität Freiburg. Er wurde 1989 gegründet und zählt heute ca. 1200 Mitglieder aller Alterstufen und Examensjahrgänge.

Ein Hauptziel des Vereins besteht darin, den Absolventinnen und Absolventen ein interessantes Forum zu bieten, das sie über die Studienzeit hinaus mit ihrer Universität verbindet. Im Laufe der Zeit ist auf diese Weise ein Netzwerk entstanden, mit dem das enorme Potential an Wissen, praktischer Erfahrung und persönlichen Kontakten der Ehemaligen erschlossen und genutzt werden kann.

Zur Pflege und zum weiteren Ausbau dieses Netzwerks bietet der Verein den eigenen Mitgliedern:

- Jährliche Mitgliedertreffen mit der Gelegenheit, ehemalige Kommilitoninnen und Kommilitonen sowie Professoren wieder zu treffen.

- Die „Zeitschrift der Freiburger Wirtschaftswissenschaftler". Die Mitgliederzeitschrift erscheint zweimal im Jahr mit den neuesten Nachrichten vom Verein und aus der Fakultät, aktuellen Veranstaltungshinweisen und wissenschaftlichen Beiträgen.

- Das Mitgliederverzeichnis. Jedes Mitglied erhält jährlich ein aktuelles Mitgliederverzeichnis. Darin sind die Kontaktmöglichkeiten und beruflichen Positionen aller Mitglieder aufgeführt.

- Stammtische. In vielen Städten werden von unseren Mitgliedern regelmäßige Zusammenkünfte organisiert. Diese bieten eine gute Möglichkeit, erste Kontakte in einer neuen Stadt zu knüpfen.

- Examensfeier. In jedem Jahr lädt der Verein alle Absolventinnen und Absolventen ein, zusammen mit Angehörigen, Freunden und Professoren den Abschluss ihres Studiums zu feiern.

Neben diesen Aktivitäten möchte der Verein die wirtschaftswissenschaftliche Tradition der Albert-Ludwigs-Universität Freiburg bewusst machen und erhalten; hierzu zählt insbesondere die Tradition der Freiburger Schule. Zu diesem Zweck organisiert und veranstaltet der Verein:

- Vorträge und Vortragsreihen. Ein Diskussionsforum für aktuelle wirtschaftswissenschaftliche Fragestellungen, das mehrfach im Semester stattfindet und sich an Studierende, Mitglieder und die interessierte Öffentlichkeit richtet.

- Freiburger Wirtschaftssymposien. In unregelmäßigen Abständen werden aktuelle Fragestellungen aus dem Spannungsfeld von Wirtschaft, Wissenschaft und Politik mit Exporten, Absolventen und engagierten Studierenden erörtert.

- Bücherspenden und Zuwendungen an die Fakultät. Der Verein unterstützt das Volkswirtschaftliche Seminar mit Bücherspenden bei der Anschaffung dringend benötigter Lehrbücher. In Einzelfällen unterstützt der Verein die Fakultät bei besonderen Anlässen.

Mitglied unserer Absolventenvereinigung kann jeder werden, der in Freiburg den akademischen Grad Diplomvolkswirt/in erlangt hat, dem der Titel Dr. rer. pol. verliehen wurde oder der sich den Ideen der Freiburger Wirtschaftswissenschaftler verbunden fühlt. Außerdem bietet der Verein Studierenden im Hauptstudium die kostenlose studentische Mitgliedschaft an. Aufgrund der Förderung wissenschaftlicher Zwecke ist der Verein gemäß § 5 Abs. 1 Nr. 9 KStG als gemeinnützig anerkannt.

Weitere Fragen? Kontaktmöglichkeiten:

Freiburger Wirtschaftswissenschaftler – Absolventenvereinigung e.V.

Albert-Ludwigs-Universität Freiburg
Dekanat Bereich Wirtschaftswissenschaften
Platz der Alten Synagoge
79098 Freiburg im Breisgau
E-Mail: info@fww-ev.de
Homepage: www.fww-ev.de

Freiburg Economic Society
(Freiburger Wirtschaftswissenschaftler e.V.)

The Freiburg Economic Society is a non-profit organization dedicated to form and strengthen the network of former students of economics at Albert-Ludwigs-University Freiburg. The Society was founded in 1989, as one of Germany's first faculty based alumni associations. Today, its network includes 1200 formal members working in all branches of the German business, administration, and academic community. Additionally, in most international organizations and corporations members of our society are employed.

The Society informs its members about the latest developments at the faculty and holds regular meetings in major German cities as well as in a number of cities in Europe, the United States, and Asia. At university, it organizes scientific symposiums and lecture series to bring students and alumni into closer contact with external scientists and distinguished economic practitioners.

The Society is run by its executive board which traditionally consists of Ph.D. candidates working at the different economic departments of the faculty. Its board is supplemented by an advisory council consisting of senior alumni and a curatorship formed by Professors of the Faculty of Economics and Behavioural Sciences.

For further information please visit our homepage:

http://www.fww-ev.de

Statistiken zum Deutschen Stiftungswesen 2007

von Rainer Sprengel und Thomas Ebermann

mit einem Beitrag von Karin Fleschutz

Maecenata Schriften Band 1

2007. VIII/111 S., kt. € 34,-. ISBN 978-3-8282-0422-5

Zum vierten Mal (nach 1996, 1998 und 2001) legt das Maecenata Institut für Philanthropie und Zivilgesellschaft an der Humboldt Universität zu Berlin einen statistischen Forschungsbericht zum deutschen Stiftungswesen vor. Anhand der im Institut geführten Datenbank, in der rd. 12.000 Stiftungen verzeichnet sind, haben die Autoren Rainer Sprengel und Thomas Ebermann, beide seit vielen Jahren mit der empirischen Sozialforschung zum Stiftungswesen befaßt, eine Reihe von Untersuchungen fortgeschrieben und neue erstmals hinzugefügt. Auch ein Vergleich mit anderen verfügbaren Datenquellen findet statt. Die Untersuchung wird eindrucksvoll ergänzt durch einen Sonderbericht von Karin Fleschutz zu unternehmensverbundenen Stiftungen.

Private Spenden für Kultur

Bestandsaufnahme · Analyse · Perspektiven

von Rainer Sprengel und Rupert Graf Strachwitz

Maecenata Schriften Bd. 2

2008. XII/116 S., kt. € 34,-. ISBN 978-3-8282-0430-0

„Der größte Kulturfinanzierer in Deutschland ist der Bürger. Zunächst als Marktteilnehmer, dann als Spender und in dritter Linie als Steuerzahler." Diese Aussage ist vor dem Hintergrund einer Tradition, die stets ‚den Staat' als größten Kulturförderer sieht und das private Engagement in eine Ergänzungsfunktion abdrängen will, ein Paradigmenwechsel. Daß nach der Kulturwirtschaft, deren Beitrag seit langem bekannt ist, das bürgerschaftliche Engagement den zweiten Rang in der Finanzierung von Kultur in Deutschland hat, ist ein überraschendes Ergebnis. Diese Aussage wurde nur möglich, weil die Enquete-Kommission dieses Engagement, das private Spenden für Kultur, in einem Gutachten eigens untersuchen ließ, ausdrücklich unter Einbeziehung der Zeitspenden. Mit der Erstellung war das Maecenata Institut für Philanthropie und Zivilgesellschaft an der Humboldt Universität zu Berlin beauftragt. Das Gutachten wurde im September 2006 von der Enquete-Kommission ‚Kultur in Deutschland' angenommen. Es erscheint als Band 2 in der Buchreihe MAECENATA SCHRIFTEN. Weitere Informationen unter www.maecenata.eu

 Stuttgart

Europäische Geldpolitik
Theorie · Empirie · Praxis

Von Egon Görgens, Karlheinz Ruckriegel und Franz Seitz

5., völlig neubearbeitete Auflage

2008. XXX/592 S., gb. € 39,90. UTB 8285. ISBN 978-3-8252-8285-1

Das erfolgreiche Lehrbuch, das sich auch als Nachschlagewerk für die Praxis bewährt hat, liegt nun in 5. Auflage vor. Es wurde u.a. durch eine Diskussion der institutionellen Grundlagen des Eurosystems und die Unterscheidung verschiedener Ebenen der Geldpolitik erweitert. Außerdem wurden die Änderungen aufgrund der Umsetzung der Geldpolitik des Eurosystems berücksichtigt.

„Die Autoren verstehen es, geldpolitische Grundsatzfragen in didaktisch ansprechender und analytisch fundierter Form kompetent zu erörtern und die einheitliche Geldpolitik der EZB mit ihren vielfältigen Facetten umfassend darzustellen. Das inzwischen zum Standardwerk avancierte Lehrbuch bietet ... eine gesunde Mischung aus Theorie, Empirie und Praxis. Dabei ist es ein besonderer Vorzug des Buches, dass die Ausführungen auch dort verständlich bleiben, wo komplexe Zusammenhänge herausgearbeitet werden. Daneben ist es vor allem der konkrete Praxisbezug, der das Buch zu einem informativen Vademekum für alle macht, die sich für die Geldpolitik in Europa interessieren."

Prof. Dr. Jürgen Stark, Mitglied des Direktoriums der EZB

Inhaltsübersicht

 „LUCIUS LUCIUS Stuttgart

Transatlantische Bankenkrise

von Paul J. J. Welfens

Europäische Integration und Digitale
Weltwirtschaft Band 1

2009. XX/254 S., kt. € 48,-.
ISBN 978-3-8282-0459-1

Die Untersuchung zeigt die Ursachen der US-Bankenkrise und deren internationale Ausbreitung auf. Neben der Rolle von Hedge Fonds und Finanzinnovationen wird die Untätigkeit der Bankenaufsicht als Kernproblem identifiziert, wobei für Deutschland das Versagen der BaFin beleuchtet wird. Mit Blick auf die USA wird der Lehman-Brothers-Konkurs als gefährlicher Politikunfall und Destabilisierungsimpuls eingeordnet. Die Mega-Rettungspakete für Banken werden als Teillösung eingestuft — ohne Strukturreformen werden sich die Probleme der Finanzmärkte weiter verschärfen. Vorgeschlagen als Lösung werden u.a. die Einführung einer Besteuerung der Renditevarianz, einer Evidenzzentrale für Kreditversicherungspolicen und ein neuartiger Qualitätssicherungsmechanismus bei Ratings sowie umfassendere Regulierungen der Banken. Ohne verbesserte US-Regeln kann ein freier transatlantischer Kapitalverkehr nicht befürwortet werden. Die EU steht vor großen Anpassungen, die Weltwirtschaft vor der Gefahr einer neuen Weltwirtschaftskrise.

Weitere Titel der Reihe in Planung:

Band 2:
Paul J. J. Welfens:
Finanzmarktintegration und Wirtschaftswachstum im EU-Binnenmarkt
2009. ca. 210 S., kt. ca. € 39,-. ISBN 978-3-8282-0463-8
Band 3:
Martin Keim:
Finanzmarktintegration in Europa:
Implikationen für Stabilität und Wachstum in Sozialen Marktwirtschaften
2009. ca. 285 S., kt. ca. € 48,-. ISBN 978-3-8282-0464-5
Band 4:
Paul J. J. Welfens / Dora Borbély
EU-Osterweiterung, IKT und Strukturwandel
2009. ca. 185 S., kt. ca. € 38,-. ISBN 978-3-8282-0465-2

 Stuttgart

Walter de Gruyter GmbH
Genthiner Straße 13
10785 Berlin

Bei Fragen zur Produktsicherheit wenden Sie sich bitte an:
If you have any questions regarding product safety,
please contact:

Walter de Gruyter GmbH
Genthiner Straße 13
10785 Berlin
productsafety@degruyterbrill.com